AF250472

LA PLACE VENDOME

ET

LA ROQUETTE

1673

TABLE DES MATIÈRES

LA PLACE VENDOME

ET

LA ROQUETTE

DOCUMENTS HISTORIQUES

SUR

LE COMMENCEMENT ET LA FIN DE LA COMMUNE

PAR

M. L'ABBÉ LAMAZOU

Quæque ipse miserrima vidi.

VIRGILE.

PARIS

CHARLES DOUNIOL ET Cⁱᵉ, LIBRAIRES-ÉDITEURS

29, RUE DE TOURNON, 29

—

1871

LA PLACE VENDOME

ET LA ROQUETTE

LE COMMENCEMENT ET LA FIN DE LA COMMUNE

PREMIÈRE PARTIE

LA PLACE VENDOME[1]

Il serait difficile de trouver dans l'histoire des révolutions humaines un spectacle à la fois aussi burlesque et aussi hideux que celui qui vient de nous être offert par la trop célèbre Commune de Paris. Née dans une longue traînée de sang répandu à l'entrée de la place Vendôme, elle a souillé sa sinistre agonie par les horribles massacres de la Roquette. Témoin de ces deux drames sanglants, je les raconterai avec une grande sobriété de réflexions, mais avec une parfaite exactitude de détails. Au risque d'être incomplet, je ne raconterai que les choses que j'ai vues. C'est à peine si, en parlant du séjour de

[1] Cette étude historique a été publiée dans les livraisons du *Correspondant* du 25 juin et du 10 juillet. Je l'ai complétée par l'addition de quelques notes explicatives d'un sérieux intérêt.

Mazas et des massacres de la Roquette, je mentionnerai quelques incidents dont la vérité m'a été garantie par les compagnons de ma
cruelle captivité.

Au demeurant, les faits parlent avec une éloquence que les commentaires ne pourraient qu'affaiblir. Je laisse à mes lecteurs le soin
de tirer les conclusions morales et sociales, et je me borne à les prévenir que le premier récit, qui se rapporte aux événements dont la
place Vendôme a été le théâtre dans la seconde quinzaine de mars,
a été rédigé quelques jours après ces événements.

Quoique les débuts de la Commune n'aient pas donné la mesure
des horreurs sans nom qui ont attiré sur sa fin les flétrissures et les
malédictions de tous les peuples civilisés, j'ai cru ne devoir rien changer à ce premier récit. Quelques observations ne paraîtront peut-être
pas assez sévères ; d'autres ne sembleront pas tout à fait justifiées par
les événements. Je les livre au public telles qu'elles ont été confiées
au papier, il y a plus de deux mois. En comparant le récit de la fin
de mars au récit de la fin de mai, on aura une idée exacte — j'allais
dire une photographie très-fidèle — de la situation révolutionnaire
de Paris au commencement et à la fin de la Commune. On pourra
ainsi apprécier les progrès accomplis, pendant ce court intervalle de
temps, par une brutale révolution, ennemie implacable de toutes les
institutions divines et humaines.

Malgré l'émotion mêlée d'horreur et de dégoût que je ressens au
souvenir des hommes et des choses dont j'ai à parler, on me permettra de manifester deux sentiments qui dominent, dans les profondeurs de mon âme, tous les autres sentiments : un redoublement
de fidèle sympathie pour le malheureux Paris, que ses inexprimables infortunes me rendent encore plus cher ; une ardente reconnaissance pour l'infinie miséricorde de Dieu qui m'a soustrait, contre toutes les prévisions humaines, aux balles d'une tourbe d'assassins plus
effrontés et surtout plus vulgaires que leurs devanciers de 93.

I

J'avais passé une grande partie de la journée du mardi 21 mars à
m'entretenir, avec quelques amis politiques, de l'intolérable situation faite à Paris par l'émeute triomphante du samedi 18. Tous nous
déplorions et flétrissions cet inqualifiable attentat à la souveraineté
nationale, qui suspendait tout d'un coup sur nos têtes les dangers de
l'occupation prussienne, les horreurs de la guerre civile, peut-être
l'un et l'autre de ces deux fléaux. Notre indignation était profonde.
L'un reprochait au gouvernement d'avoir trop facilement abandonné
Paris à l'insurrection ; l'autre soutenait qu'en se transportant à Versailles, auprès de l'Assemblée nationale, et en faisant le vide autour
de Paris, il avait sauvé la France. Un autre s'emportait avec amertume, tantôt contre la coupable indifférence de la garde nationale qui
avait laissé tout faire, tantôt contre l'audace et la scélératesse des auteurs de l'émeute qui, sans aucun prétexte, entraînaient la France,
toute saignante des blessures de la guerre, dans un abîme sans
fond. Tous, nous pensions qu'il y avait encore quelque chose au-
dessous de tout cela : c'était la honteuse défection d'une partie de la
troupe de ligne qui avait rendu possibles de si cruels malheurs. Si
l'armée venait à s'effondrer en face de l'insurrection, ce serait défi-
nitivement la fin de la France, *Galliæ finis !*

Il nous était plus facile de gémir sur la gravité du mal que de signaler les moyens pratiques d'y porter remède. Sur ce dernier point
les avis étaient très-partagés. Fallait-il recourir à la force matérielle

ou à l'esprit de persuasion et de conciliation? L'emploi de la force matérielle pouvait surexciter encore davantage les esprits égarés et couvrir Paris de sang et de ruines. Le succès des moyens moraux n'était guère possible avec des insurgés qui débutaient par l'assassinat des généraux Lecomte et Clément Thomas et prêchaient cyniquement la révolution sociale[1].

A trois heures, un des notables habitants de la place Vendôme, qui s'était déjà signalé par son courage dans l'insurrection de juin 1848 et avait été un des premiers blessés, venait m'annoncer l'intention formelle des gardes nationaux de son bataillon de reprendre la place aux insurgés descendus des faubourgs. Il pensait qu'avec une attitude énergique ils arriveraient à leur but, sans avoir à décharger leurs fusils. Je constate que les hommes d'ordre voulaient à tout prix éviter l'effusion du sang.

Quelques instants après, un de mes amis, qui porte un des grands noms politiques de la France et est destiné à lui rendre, à l'exemple des siens, d'utiles services, parce qu'il est à la fois très-intelligent et très-désintéressé, très-libéral et très-religieux, m'annonçait que la garde nationale de son arrondissement était animée des meilleures intentions, qu'elle comprenait l'urgente nécessité de maintenir l'ordre au milieu de l'inextricable chaos où nous étions précipités.

Il était lui-même un fortifiant exemple de la résolution et des sacrifices que sait inspirer un patriotisme éclairé et généreux. Officier démissionnaire au moment de son mariage, il avait organisé, au commencement de la guerre, la garde nationale de la localité où se trouvait sa campagne. Plus tard, lorsque l'armée du général Chanzy fit son évolution de la Loire vers la Sarthe, il rentra dans les cadres militaires et prit une part active, en qualité de capitaine d'état-major, aux opérations et aux luttes de l'armée de l'Ouest.

Le jour même où il rentrait dans la vie civile, il prenait le chemin de fer pour passer quelques jours à Paris, où l'attendaient plusieurs membres de sa famille. Il y arrivait la veille du 18 mars. Au lieu de reprendre, comme tant d'autres Parisiens, le chemin de la campagne,

---

[1] Le *Journal officiel* de la Commune, loin d'infliger un blâme à cet assassinat, s'appliquait à le justifier. « Ces deux hommes ont donc subi la loi de la guerre, qui n'admet ni l'assassinat des femmes ni l'espionnage. » —Numéro du mardi 21 mars.

il se faisait inscrire le lendemain même à sa mairie comme simple garde national, résolu à ne reculer devant aucune fatigue, aucun danger, pour servir la cause de l'ordre à Paris comme il venait de servir la cause de l'honneur national en province. Il ne faut pas désespérer de l'avenir d'un pays où l'on trouve encore en grand nombre de pareils caractères et de pareils dévouements. Il ne songea à repartir pour la province que le lendemain du jour où quelques maires et députés de Paris, servant à leur insu, sans doute, les intérêts de la démagogie beaucoup plus que ne l'espérait la démagogie elle-même, s'imaginèrent faire une œuvre de conciliation en accédant à tous ses vœux, en invitant les électeurs parisiens à des élections illégales, en disloquant les bataillons de la garde nationale résolûment dévoués à l'ordre, et en brisant ainsi le seul soutien matériel et moral qui restât encore au vrai Paris. Ces maires et députés, dont aucune parole humaine ne pourrait traduire la légèreté et l'imprévoyance, disaient avoir tout sauvé, et ils avaient tout perdu. Ils montaient au Capitole comme des triomphateurs, et ils nous avaient conduits à la roche Tapéienne. Ils prétendaient éviter l'effusion du sang, et ils avaient choisi le plus sûr moyen d'en faire verser des flots. Nous étions d'avis, mon ami et moi, qu'après la hideuse attitude des bataillons de la ligne qui avaient pactisé avec l'émeute, rien ne pouvait être aussi désastreux que l'inexplicable compromis dont ces maires et députés avaient pris l'initiative. Il n'y avait pas de jour où je ne leur appliquasse le dilemme que j'avais autrefois appliqué au gouvernement de l'empereur dans le guet-apens de Castelfidardo : « Ou dupe ou complice[1]. »

---

[1] Voici ce que, d'après *Paris-Journal*, de Versailles, n° du 18 mai, le citoyen Raoul Rigault écrivait, de la Préfecture de police, au citoyen Floquet, un des néfastes instigateurs de ce prétendu compromis :

« Mon cher Floquet,

« Vous êtes donc décidé à partir avec Villeneuve et le préfet Lechevalier pour Bordeaux. *Nous sommes trop en communauté d'idées pour que vous ne compreniez pas l'importance de votre mission.* LA LIGUE DE L'UNION RÉPUBLICAINE, EN PLAIDANT SA CAUSE, PLAIDE LA NÔTRE. Quant à vos 9,500 francs, je chercherai à vous les faire tenir, mais les traites sont difficiles à réaliser. »

Un républicain éprouvé, M. Degouve-Denuncques, maire-adjoint du Xᵉ arrondissement, dont personne ne peut révoquer en doute les convictions fermes et loyales,

A cinq heures, un ancien député qui avait été brutalement éliminé du Corps législatif dans les beaux jours de la candidature officielle, parce qu'il n'avait point voulu répudier les idées de liberté et de contrôle, me communiquait d'intéressants détails sur la manifestation pacifique qui venait d'obtenir un succès inespéré. Un grand nombre de citoyens de tout âge et de toute condition avaient parcouru les principaux quartiers, sans armes et au cri de *Vive l'ordre ! vive la France ! vive l'Assemblée nationale !* Ils avaient reçu partout un accueil sympathique. Le bataillon qui gardait la Bourse leur avait présenté les armes. Les bataillons des faubourgs qui s'étaient emparés de la place Vendôme avaient inutilement essayé de leur barrer le passage, et l'individu qui, du balcon de l'état-major, voulait leur adresser la parole pour justifier le mouvement insurrectionnel, avait été aussitôt interrompu par des acclamations enthousiastes en faveur de l'ordre et de l'Assemblée nationale.

Le Comité central siégeant à l'Hôtel de Ville avait si bien compris la portée de cette manifestation, qu'il se hâtait de prendre d'énergiques mesures pour rester maître de la place Vendôme et ne pas en permettre l'accès à de nouvelles manifestations des amis de l'ordre. Il y avait envoyé de nombreux bataillons. La circulation y était interdite, ainsi que dans les rues avoisinantes ; les abords en étaient sévèrement gardés : quatre pièces de canon, servies par des artilleurs prêts à faire feu, étaient braquées sur la rue de la Paix et la rue Castiglione.

A neuf heures, la femme d'un des employés du ministère de la justice venait me conjurer de porter à son frère les derniers secours de la religion. Je l'avais vu quelques jours auparavant, et sa fin m'avait

---

avait refusé de signer « l'acte de soumission des maires et adjoints aux volontés du Comité central. » Le 19 juin il faisait, dans le *Journal de Paris*, cette importante déclaration :

« Je crois que si nous avions su persévérer dans notre résistance, nous aurions eu raison du Comité central. Les rangs des gardes nationaux qui s'étaient groupés autour de nous se renforçaient, et notre *garde municipale* présentait déjà une force tellement imposante que jamais on n'a essayé de l'attaquer. Le jeudi 30 mars, l'armée du Comité, déjà sur les dents le 25, eût été plus qu'affaiblie ; le *compromis*, signé le samedi 25, à midi, rendit courage aux misérables qui comptaient sur elle et qui, plus tard, l'associèrent à tant d'abominations. »

semblé prochaine. Elle avait eu la plus grande peine à sortir du ministère et de la place Vendôme ; elle craignait qu'il ne me fût pas
possible d'y pénétrer. Cependant, ne voulant point laisser mourir son
frère sans les sacrements de l'Église, elle avait pu, à force de prières
et de larmes, arriver jusqu'à moi, et elle voulait de nouveau tout
oser pour me faire arriver jusqu'à son frère. Je lui donnai l'assurance que j'allais unir tous mes efforts aux siens, et, sans me dissimuler combien le costume ecclésiastique était, depuis la chute de
l'empire, désagréable aux révolutionnaires parisiens, j'ajoutai que
nous réussirions. Je partis à l'instant même avec un des employés
de l'église.

La place et le boulevard de la Madeleine étaient calmes et presque
déserts ; la rue Neuve-des-Capucines était plus animée. Arrivé à l'entrée de la place Vendôme, je me trouvai en face de gardes nationaux
qui ressemblaient peu à ceux du quartier. Ils étaient très-nombreux ;
leur langage était, au fond, plus bruyant que menaçant : les mots de
« citoyen » et de « république » sortaient à chaque instant de leur
bouche ; ils ne permettaient à personne de s'arrêter, et se montraient durs et intraitables à l'égard des passants qui voulaient contempler un spectacle si nouveau pour ce pacifique et opulent
quartier.

Je n'étais pas encore arrivé à l'angle de la rue Neuve-des-Capucines et de la place Vendôme, qu'un avant-poste de gardes nationaux,
l'arme au bras, me criait d'un ton presque grossier : « Citoyen, on ne
s'arrête pas ! » C'était juste le lieu et le moment de m'arrêter pour
accomplir ma pieuse mission. J'expose en termes sommaires, mais
très-polis, le motif qui m'amène à la place Vendôme ; il s'agit de
donner à un mourant les derniers secours de la religion, et, afin de
ne laisser aucun doute sur la vérité de mon langage, je montre à
mes côtés une dame en pleurs et un employé de la Madeleine. « Impossible, citoyen, m'objecte-t-on de tout côté ; la consigne s'y oppose. » Je demande à m'entendre avec un des chefs, car je voyais
bien que j'aurais à parlementer dans toute l'acception du terme ;
mais, en face d'un devoir grave et urgent, j'étais résolu à épuiser
tous les moyens. Un sergent se présente avec cet air important et légèrement ridicule que donne aux gens vulgaires la conviction que la

chose publique ne pourrait point marcher sans eux. Je lui expose mon désir. « Vous ne passerez point. » J'insiste avec douceur. « La consigne le défend, et aujourd'hui elle est très-sévère. » Je demande la raison de cette sévérité exceptionnelle. « C'est que, voyez-vous, citoyen, les bourgeois du quartier ont fait aujourd'hui du tapage, et il ne faut pas que ça recommence. »

Cette réflexion, une des plus caractéristiques que j'aie entendues de ma vie, fut faite avec un sérieux qui m'aurait fait perdre le mien dans une autre circonstance moins douloureuse pour mon cœur de prêtre et de Français.

Convaincu qu'il n'y avait rien à faire avec ce sergent, qui était plus suffisant que méchant, je demandai à parler au capitaine. Il vint à moi avec un air sec et hautain que la douceur de mon langage et sans doute aussi le triste motif qui m'appelait à la place Vendôme ne tardèrent pas à modifier. Après avoir opposé un premier refus et entendu mes nouvelles instances, il m'autorisa à pénétrer dans la place Vendôme, mais à la condition que je n'en sortirais plus de la nuit : c'était tout ce que lui permettait sa consigne. Outré d'entendre parler sans cesse d'une consigne qui, d'après le pittoresque aveu du sergent, avait pour unique raison d'être le mécontentement causé par « le tapage qu'avaient fait, dans la journée, les bourgeois du quartier, » je répondis que cette condition était inacceptable, que je regrettais de ne pouvoir comprendre un refus qui atteignait un mourant et sa famille en larmes, que je laisserais l'opinion juge de ce fait, puisqu'il ne me restait plus d'autre autorité à invoquer.

Ces paroles, prononcées avec une émotion mal contenue, changèrent les dispositions du capitaine, qui cherchait inutilement de bonnes raisons à m'opposer. D'ailleurs il paraissait très-préoccupé du commandement qu'il exerçait : on venait à chaque instant lui demander des ordres, et on voyait, à son air embarrassé, qu'il avait plus l'habitude d'en recevoir que d'en donner. Il recommanda à un garde national de m'accompagner au ministère de la justice, de ne pas me perdre un instant de vue, et de me ramener à l'entrée de la rue Neuve-des-Capucines. Malgré mon pacifique costume, on me traitait comme un de ces bourgeois suspects du quartier auxquels on ne pardonnait pas « d'avoir fait du tapage dans la journée. » Les insurgés se fortifiaient dans la place Vendôme, pour empêcher désormais les manifestations des honnêtes gens de s'y produire. Ils paraissaient bien résolus à n'en permettre l'entrée qu'avec une extrême circonspection et seulement aux personnes qui s'y trouvaient domiciliées.

J'avançai, accompagné de mon garde national en armes. La place était médiocrement éclairée. A peine nous trouvions-nous à quelques pas du groupe de gardes nationaux qui en barricadaient les abords, qu'il m'adressa ces paroles d'un ton un peu confus, mais très-respectueux : « Que tout ceci est triste, monsieur l'abbé, et qu'on a tort de ne pas s'entendre afin que chacun puisse rester chez soi et vaquer tranquillement à ses affaires ! » J'avais évidemment à mes côtés un de ces trop nombreux ouvriers de Paris qui aiment l'ordre et la paix, mais qui n'osent ou ne savent pas résister aux hardis meneurs qui les arrachent au travail pour les jeter dans les aventures. La crainte de ne pas parler avec assez de calme et de réserve d'une situation qui m'affligeait et m'exaspérait me détermina d'abord à me montrer peu expansif ; je me bornai à lui répondre que je partageais ses sentiments, et que très-probablement la raison finirait par avoir raison.

A chaque instant je rencontrais des groupes armés. Autant que pouvait me le permettre un rapide coup d'œil jeté à travers la place, les uns causaient avec vivacité des événements du jour ; les autres, comme des mercenaires sans dignité et sans conscience, ne paraissaient avoir d'autre souci que de fumer et de boire. Les insurgés que je trouvais sur mon passage ne dissimulaient point la surprise que leur causait, pendant la nuit, la présence d'un prêtre au milieu d'eux. Ceux qui s'imaginaient qu'on m'avait arrêté et qu'on me conduisait au poste de l'état-major, où j'avais vu pendant le siége conduire plus d'un espion et d'un Prussien, ne se privaient point du facile plaisir de me lancer une plaisanterie ou une injure ; ceux qui pensaient que j'allais accomplir une fonction du saint ministère me saluaient avec respect. Ils étaient loin de ressembler, pour l'équipement et la bonne tenue, aux gardes nationaux du quartier Saint-Roch ou de la Madeleine ; cependant, quand je les compare aux gardes nationaux que je devais trouver le lendemain sur la même place, après la criminelle et sanglante fusillade qu'ils venaient de diriger contre des citoyens uniquement coupables d'exprimer pacifiquement leur amour de l'ordre et leur dévouement à l'Assemblée nationale, ils étaient relativement disciplinés et civilisés.

Le vestibule du ministère de la justice était occupé par un poste d'insurgés qui ne laissait entrer et sortir qu'après un minutieux examen. J'exposai rapidement au chef l'objet de ma mission. Il m'écouta avec un mouvement visible de curiosité et de suffisance, et, après avoir fait semblant de réfléchir, il me fit signe de passer. La cour du ministère était occupée par un autre poste qui surveillait l'entrée des bureaux et de l'hôtel du ministre, et l'avenue particulière qui conduit par les jardins à la rue du Luxembourg. On ne voyait aucune lumière dans les appartements; partout régnait un profond silence; il n'était resté au ministère d'autre employé que le beau-frère du jeune homme auquel j'allais porter les derniers secours de la religion. Il les reçut avec plus de calme et de sérénité qu'on ne peut humainement en attendre d'un jeune homme de vingt-deux ans qui compte encore sur une longue vie; mais quel affreux surcroît de douleur pour sa famille de se trouver à la fois en face d'un mourant et d'une bande d'insurgés!

Un quart d'heure après, je quittais le ministère avec mon garde national, qui me témoignait une déférence de plus en plus respectueuse. La dame qui était venue me chercher à la rue de la Ville-l'Évêque avait été frappée comme moi de son excellente attitude, et m'avait chargé de lui remettre une petite somme d'argent. Je le priai le plus délicatement possible de l'accepter, pour venir en aide à sa famille, que le manque de travail condamnait sans doute à la gêne. Il parut très-touché de cette généreuse attention, et, autant pour satisfaire ma curiosité que pour lui éviter ce que pouvait peut-être avoir de pénible l'expression de sa reconnaissance dans un moment où il était officiellement chargé de me surveiller, je me décidai à lui adresser quelques questions.

— De quel quartier de Paris êtes-vous?

— Je suis de Bercy, monsieur l'abbé. On a battu ce soir le rappel, je suis parti avec ma compagnie; on nous a dit que nous étions chargés d'une mission patriotique très-importante. Arrivés à la place Vendôme, on nous a ordonné de faire une garde sévère.

— Mais pourquoi cette garde sévère dans un quartier où il n'y a que de très-honnêtes gens, qui aiment, avant tout, l'ordre et la paix ?

— Ma foi, monsieur l'abbé, je n'en sais absolument rien. Bercy était parfaitement tranquille ; ce quartier-ci ne l'est pas moins. Je n'y comprends rien. On nous a donné ordre de partir ; il fallait bien partir.

— Est-ce qu'à Bercy vous n'aviez pas, comme nous, confiance dans M. Thiers? Lui préférez-vous Assi, Flourens, Blanqui et Félix Pyat?

— Nos patrons nous en ont toujours dit beaucoup de bien. Les bons ouvriers l'appellent un grand patriote, qui n'est pas du tout charlatan, comme tant d'autres. Il nous avait promis la liberté et de l'ouvrage, et il aurait certainement tenu parole. Aussi nous avons fait une fameuse sottise en le laissant partir pour Versailles. Dieu veuille que ce ne soit pas pour longtemps !

— Mais que devient le travail pendant tous ces jours? Croyez-vous que cet état de choses soit bien favorable aux intérêts de l'ouvrier?

— Ah ! monsieur l'abbé, le travail est la chose dont on se soucie le moins en ce moment ; et cependant plus nous tarderons à le reprendre, plus nous serons malheureux. Il y a parmi nous tant de fainéants et de têtes folles !...

Mon brave gardien m'expliquait à sa manière que les mauvais ouvriers, qui voulaient en 1848 conquérir le droit au travail, voulaient, depuis le siége de Paris, garder le droit à ne rien faire, lorsque je me trouvai revenu à mon point de départ. Prenant aussitôt son air le plus officiel et le plus protecteur : « Citoyens, dit-il à la patrouille qui gardait l'entrée de la place Vendôme, laissez passer ce citoyen ! »

J'avais promis à la famille du pauvre malade d'aller le revoir dans deux ou trois jours. Quelque compliquée que fût la situation de Paris, quelque tendue que fût en particulier celle de la place Vendôme, traitée et occupée comme une place prise d'assaut, au mépris de tous les droits, de toutes les convenances, par les gardes nationales des faubourgs en révolte contre la loi, j'étais loin de me douter que le lendemain j'allais de nouveau accourir sur cette même place, au milieu de toutes les horreurs de la guerre civile, pour donner les consolations de la religion à d'honorables habitants de Paris frappés presque à bout portant, sans aucune provocation, sans aucun motif, par les balles d'autres habitants.

II

LA PLACE VENDOME DANS LA JOURNÉE DU MERCREDI 22 MARS.

Le lendemain, 22 mars, désormais une des dates les plus sinistres de l'histoire de Paris, j'étais de garde à l'église de la Madeleine, c'est-à-dire chargé, de six heures du matin à dix heures du soir, de recevoir les personnes qui réclameraient le ministère religieux ou charitable du prêtre, et de leur donner satisfaction dans la mesure du possible.

Comme la manifestation pacifique de la veille avait produit un excellent effet moral, j'avais appris de quelques-uns de mes amis, connus par leur dévouement à la cause, si étrangement compromise, de la liberté et de l'ordre, qu'on renouvellerait cette manifestation dans la journée. Le but qu'on se proposait et les moyens auxquels on avait recours étaient non-seulement d'une incontestable légalité, mais encore conformes aux intérêts et à la dignité de tous les habitants de Paris. Aussi, loin de les dissimuler, on les discutait ouvertement, dans l'espoir qu'ils seraient compris et appréciés comme ils méritaient de l'être.

On désirait arriver, par la voie de la persuasion et de la conciliation, au respect de l'ordre et de la loi, méconnus par de hardis meneurs et une fraction égarée de la garde nationale. Au milieu des ruines accumulées par une guerre néfaste, on voulait affirmer que l'Assemblée des mandataires du pays, siégeant à Versailles, était le seul pouvoir chargé de veiller à nos destinées, qu'il fallait se rallier à elle et attendre d'elle seule la solution des inextricables difficultés du moment. Les habitants de la place Vendôme et des rues avoisinantes, froissés, non sans raison, de voir leur quartier envahi et occupé militairement par des gardes nationaux d'autres quartiers qui entravaient la circulation, effrayaient les familles et paralysaient toutes les transactions commerciales, se proposaient de revendiquer leur titre d'habitants du Ier arrondissement pour faire eux-mêmes la police de leur quartier. Ils ne violaient aucun droit, ils ne manquaient à aucune convenance, en priant les citoyens des arrondissements de Montmartre et de Belleville, qui s'y étaient installés sans motif, de leur abandonner ce soin. Non-seulement les habitants de la place Vendôme sont aussi parisiens que les habitants de Belleville et de Montmartre, mais il est évident, pour ceux qui connaissent bien Paris, qu'il y a seulement trois années, les quatre cinquièmes des gardes nationaux qui occupaient la place Vendôme dans la journée du 21, et surtout du 22 mars, n'avaient pas encore vu Paris. Paris est beaucoup plus le théâtre que l'auteur des révolutions qui s'y accomplissent. Les révolutionnaires et les émeutiers appartiennent à tous les pays de France et d'Europe; seulement, dans les jours mauvais, on les voit accourir à Paris dans l'espoir de pêcher en eau trouble.

J'ai étudié, sous le rapport politique et social, toutes les grandes villes d'Europe : pour des raisons qu'il serait trop long d'énumérer, aucune n'est comme Paris le rendez-vous universel des gens suspects et véreux, des malheureux qui ont eu des démêlés avec la justice de leur pays, des hommes déclassés qui se transforment en agents révolutionnaires — et ce sont les pires de tous. — Après le siége qu'il avait eu à subir, l'état d'agitation et de prostration où l'avaient réduit tant de luttes, de souffrances et de déceptions ne pouvait manquer d'y appeler l'élite des charlatans et des coquins de tous les coins de l'Europe. Ajoutons, non à l'honneur de la classe populaire de Paris, la plus frivole et la plus crédule du monde, qu'ils ont obtenu un succès au-dessus de leur attente, car ils sont devenus un moment nos maîtres. Grâce à cette invasion cosmopolite, grâce aussi au départ d'un trop grand nombre de vrais Parisiens, qui avaient moins redouté le bombardement des Prussiens que l'émeute des agents de l'Internationale, Paris, le brillant foyer de la vie intellectuelle, élégante et artistique, Paris, le grand centre de la finance, de la science et de la politique, était devenu, selon la pittoresque comparaison du *Times*, une chaudière infernale dont s'effrayait l'Europe, et dans laquelle se mêlaient, se confondaient, bouillonnaient toutes les passions humaines.

Il était évident que la partie qui se jouait à Paris n'était ni une partie parisienne ni une partie française, mais une partie exclusivement sociale. C'était une volée d'oiseaux de proie, de bêtes sauvages et nomades accourue des quatre points cardinaux pour s'abattre sur la capitale de la France, que cinq mois de siége avaient énervée. Les agents de l'Internationale voulaient fonder la Commune, et, pour réaliser l'idée de la Commune, c'est-à-dire l'idée qui représente avant tout la patrie locale, la maison, le foyer, le clocher, l'association et la tradition des intérêts domestiques, ils appelaient à Paris tout leurs dignes amis de l'ancien et du nouveau continent, et forçaient les vrais habitants de Paris à se réfugier en province ou à l'étranger. C'était un cynisme révoltant et gros de désastres.

A deux heures et demie, quelques personnes, saisies de frayeur et d'indignation, entraient à la Madeleine pour m'annoncer une sinistre catastrophe. La manifestation pacifique qui se proposait, comme la veille, de parcourir les principales rues de la cité aux cris de : *Vive la République! Vive l'ordre! Vive l'Assemblée nationale!* était devenue la victime d'un horrible guet-apens. Après avoir traversé la rue de la Paix, un grand nombre d'honorables habitants de Paris, sans armes, n'ayant d'autre mobile que le patriotique désir d'assurer par les moyens les plus inoffensifs, et dans l'intérêt de tous les bons citoyens, le triomphe du droit, de la légalité et de la conciliation, avaient été accueillis à l'entrée de la place Vendôme par une fusillade meurtrière partie des rangs des gardes nationaux insurgés. Les appréciations variaient sur le chiffre des tués et des blessés, mais ce chiffre devait être considérable.

Au même instant, je voyais de la colonnade extérieure de la Madeleine les boutiques se fermer avec précipitation, les passants en désordre fuir dans les directions opposées à la place Vendôme. Tous les visages respiraient la colère et la consternation ; quelques gardes nationaux du VIIIe arrondissement se réunissaient à la hâte autour de l'église pour veiller à la sécurité publique[1].

Je m'informe de l'état des blessés; on me répond qu'on les transporte dans leur domicile, et que plusieurs appartiennent à la paroisse de la Madeleine, qui comprend dans sa circonscription la rue de la Paix et la place Vendôme. Comme j'ignore l'adresse des victimes, et que je sais, par une expérience personnelle de dix ans, qu'on a dans la paroisse la chrétienne habitude d'appeler le prêtre auprès des mourants, j'attends avec émotion qu'on recoure à mon ministère.

A quatre heures, je n'avais encore vu venir personne, et je ne connaissais le nom et l'adresse d'aucun des blessés. A quatre heures et demie, j'apprends d'une manière vague que quelques morts et blessés sont restés à la place Vendôme, et qu'on y retient comme prisonniers des hommes qui faisaient partie de la manifestation pacifique, entre autres le père d'un jeune homme de la rue Tronchet, qui avait eu le crâne fracassé par une balle, et dont les insurgés refusent de livrer le corps. A ces détails, on en ajoute d'autres d'un ca-

---

[1] Dans son numéro du samedi 25 mars, le *Journal officiel* de la Commune s'efforce de faire retomber sur les hommes d'ordre tout l'odieux du sang versé. La manifestation se composait « d'anciens familiers de l'empire. » Elle avait « entouré, désarmé et maltraité deux gardes nationaux détachés en sentinelles avancées. » Ils n'avaient dû leur salut qu'à une retraite précipitée dans la place Vendôme. La manifestation — toujours selon le véridique *Journal officiel*, — s'était changée en « une véritable émeute. » On arrache les sabres aux patriotes, on tire des coups de revolver sur les officiers, on répond à *dix* sommations et à *cinq* minutes de roulement du tambour par des cris, des injures et de nouveaux coups. Les patriotes conservent une inaltérable patience en face de ces sanglantes provocations. A la fin cependant ils tirent... en l'air. Le *Journal officiel* fait ensuite une pompeuse énumération des blessés et des tués de la garde nationale qui occupait la place Vendôme; il affirme que les victimes de la manifestation ont été frappées par la manifestation elle-même. Enfin il termine son audacieux et mensonger rapport par ces deux observations :

« C'est grâce au sang-froid et à la fermeté du général Bergeret, qui a su contenir la juste indignation des gardes nationaux, que de plus grands malheurs ont pu être évités.

« Le général américain Shéridan, qui d'une croisée de la rue de la Paix a suivi les événements, a attesté que des coups de feu ont été tirés par les hommes de la manifestation. »

ractère tellement révoltant, qu'il m'était impossible d'y croire. Je donne l'ordre aux gardiens de la Madeleine de fermer l'église, j'emporte sur moi les objets nécessaires à l'administration des sacrements, et je me dirige par les boulevards vers la place Vendôme, résolu, comme la nuit précédente, à ne reculer devant aucune tentative pour arriver jusqu'aux victimes qui pourraient avoir besoin des secours religieux. Le boulevard de la Madeleine, d'ordinaire si animé et si brillant, était presque désert. Les habitants s'informaient à voix basse et avec effroi des péripéties du drame sanglant qui venait de s'accomplir dans le voisinage. Seuls, quelques soldats de la ligne, qui avaient pactisé, quatre jours auparavant, avec l'émeute, circulaient avec un air insouciant et presque satisfait. Si ces malheureux connaissaient l'effroyable événement qui à cette heure préoccupait tout Paris, il ne leur restait plus une lueur de sens moral; déjà indignes de porter le nom de soldat, ils ne méritaient pas davantage de porter le nom d'homme.

A l'entrée de la rue Neuve-des-Capucines, qui conduit du boulevard de la Madeleine à la place Vendôme, je suis arrêté par un groupe de passants qui de loin regardent avec un sentiment mêlé de curiosité et de terreur les patrouilles des émeutiers, disséminées le long de la rue. « N'allez pas plus loin, monsieur l'abbé, me crient, en tremblant, plusieurs personnes, plus charitables que braves; si vous allez au milieu de ces misérables, vous êtes perdu ! Nous les avons vus décharger leurs fusils sur des hommes inoffensifs qui relevaient les blessés à l'entrée de la rue de la Paix. » Je ne répondis rien à ces paroles, dictées par la peur plus que par la raison, et j'arrivai à la première patrouille, qui stationnait en face du Crédit foncier. Toutes les maisons de la rue Neuve-des-Capucines étaient fermées; cette rue, une des plus animées du quartier, ressemblait à un tombeau. Le chef de la patrouille, un jeune et gros gaillard dont le visage était d'un rouge écarlate, s'avance vers moi, et, levant solennellement son sabre pour affirmer son autorité, que je n'avais nulle intention de contester, il m'ordonne de m'arrêter. Je lui explique, avec un sentiment visible de tristesse, l'objet de ma mission : « Je vais, en ma qualité de prêtre de la paroisse de la Madeleine, voir les blessés qui doivent se trouver à la place Vendôme. » D'un mouvement de son sabre il me fait immédiatement signe de passer ; ce fut toute sa réponse. Avait-il l'intelligence de la situation faite à Paris par ce sinistre commencement de guerre civile? J'en doute. Parader et faire l'important paraissait être son grand souci. Les autres gardes nationaux, l'œil attentif, la main appuyée sur leur arme chargée, ressemblaient à des sentinelles avancées en face de l'ennemi, moins la discipline et une tenue convenable.

La seconde patrouille, placée au milieu de la rue, me laissa passer sans objection. Elle était composée, comme la première, de gardes nationaux de tout âge, mais pas de toute condition : ils appartenaient à la classe la moins civilisée des faubourgs. Leur accoutrement n'avait rien d'uniforme et de soigné. Les uns paraissaient fort contents, c'étaient les plus jeunes ; les autres avaient une attitude moins bruyante, mais tous éprouvaient une joie instinctive de régner en maîtres dans le plus brillant quartier de Paris et d'inspirer aux bourgeois une vive terreur.

Avant d'arriver à la troisième patrouille, placée à l'extrémité opposée de la rue, je remarquai sur l'asphalte de nombreuses taches de sang. C'était, en effet, à quelques pas de là qu'étaient tombées, un instant auparavant, les victimes de la fusillade. Je renonce à décrire les angoisses dont fut saisie mon âme à la vue de ce sang français, versé par des insurgés sans patrie et sans Dieu. Au milieu de mes cruels déchirements, je me rappelai le cri sublime de Mgr Affre : « Que mon sang soit le dernier versé ! » J'adressai, de mon côté, à Dieu l'ardente prière que le sang de ces pacifiques et innocentes victimes fût le dernier répandu ; mais il était à craindre que la crise révolutionnaire et sociale qui pesait sur Paris comme un horrible cauchemar ne se dénouât comme elle avait commencé, par une abominable effusion de sang.

Il n'y avait aucune différence entre cette patrouille et les précédentes, si ce n'est qu'elle exerçait autour d'elle une surveillance plus active. Le chef des gardes nationaux qui la formaient, et auxquels ma présence causait une certaine surprise, m'ayant demandé où j'allais et ce que je prétendais faire, chargea deux de ses hommes de me conduire au poste qui gardait l'entrée de la place Vendôme. Pendant le siége de Paris, j'avais un jour parcouru les formidables travaux de défense du Point-du-Jour à Auteuil. La consigne y était autrement douce et facile qu'aux approches de la place Vendôme, dont les insurgés tenaient évidemment à faire leur quartier général et où ils continuaient à se retrancher. Les gardes nationaux qui en défendaient l'approche étaient moins bruyants, mais plus nombreux et plus décidés que la veille. On me laissa passer sans difficulté ; plusieurs avaient dû comprendre que là où l'on trouve des morts et des mourants, la présence d'un ministre de Jésus-Christ a naturellement sa raison d'être. Un factionnaire reçut l'ordre de m'accompagner jusqu'au ministère de la justice, où j'avais d'abord demandé à me diriger. Il n'avait ni l'intelligence ni l'urbanité du garde national qui m'avait escorté la veille. C'était moins un homme qu'une machine animée. Pas un mot, pas un geste, pas un pli de visage ! Après m'être d'abord demandé ce qu'il pensait, je finis par me demander s'il pensait. Je dois lui rendre cette justice que, au point de vue matériel, sa consigne fut exécutée avec une irréprochable exactitude.

En pénétrant dans l'intérieur de la place Vendôme, j'éprouvai un indéfinissable saisissement provoqué par un double contraste dont je garderai le souvenir jusqu'au dernier jour de ma vie.

Cette place, dont Louis XIV avait orné Paris, portait d'abord le nom de place des Conquêtes, pour rappeler les brillantes victoires qui avaient donné à la France les belles provinces dont nous venons de perdre une grande partie à la suite des plus lamentables revers. Les somptueux édifices élevés sur les dessins de Mansard, qui en forment l'imposant contour, en font, au point de vue architectural, la première place d'Europe. Destinée par Louis XIV à réunir la Bibliothèque et l'Imprimerie royales, les Académies, la Monnaie et l'hôtel des Ambassadeurs étrangers, habitée aujourd'hui par d'opulentes familles, de riches voyageurs et une partie du monde officiel, située entre le jardin des Tuileries et les boulevards des Capucines et des Italiens, percée à ses deux extrémités par les rues de Castiglione et de la Paix qui y versent des flots de riches négociants et d'élégants promeneurs, elle était devenue, le 22 mars, le théâtre de l'émeute et de la guerre civile ; elle était couverte de sang et occupée par une cohue armée où dominaient les figures les plus sinistres des plus mauvais quartiers de Paris.

Les gardes nationaux de Bercy, que j'y avais vus la veille, étaient
un type de civilisation et de distinction, comparés aux gardes nationaux que j'y trouvais le lendemain. Quelques-uns étaient plutôt des
enfants que des hommes : ils ne paraissaient pas avoir plus de seize
ou de dix-sept ans; aussi fiers que surpris d'avoir un fusil à la main,
ils ne cherchaient qu'une occasion ou un prétexte d'en faire usage.
Ceux qui ont vu de près les révolutions de Paris savent que les enfants armés sont capables des plus atroces méfaits. Sortis des plus
bas-fonds de la société, dénués de tout sens moral, ils ne se soucient
guère de la cause qu'ils ont à défendre ou de l'ennemi qu'ils ont à
attaquer; leur grande ambition est d'affirmer leur audace et de faire
du bruit avec leur fusil. Comme je ne relate que les faits dont j'ai été
moi-même le témoin, je passe sous silence la part infernale que
quelques spectateurs attribuaient à un enfant dans la fusillade qui
venait de frapper un trop grand nombre de pacifiques et honorables
citoyens. Plusieurs insurgés étaient dans un état de surexcitation
provenant beaucoup moins de leurs idées politiques ou sociales que
d'une trop copieuse absorption de vin et de liqueurs ; c'est, aux
jours d'orages révolutionnaires, une autre catégorie d'insurgés capables de tout, puisqu'ils n'ont conscience de rien. Leur accoutrement
était, en général, fort peu soigné et uniforme : les uns n'avaient
qu'une partie de l'habit de garde national; d'autres portaient un
képi et une blouse; un grand nombre de képis n'étaient point numé-
rotés. Çà et là on voyait des ceintures rouges; on pouvait remarquer
également dans cette multitude sans nom des hommes de cinquante
et soixante ans, dont le visage farouche et flétri pouvait provoquer
les plus fâcheux soupçons sur leurs mauvais instincts et leurs anté-
cédents judiciaires. Il était facile de reconnaître beaucoup d'étrangers, particulièrement des Italiens et des Polonais. Quel contraste
entre de tels insurgés, comme on en voyait à peine, en juin 1848,
dans les plus tristes quartiers de Paris, et l'imposante splendeur ar-
chitecturale d'une des plus belles places du monde ! Rien ne peut dé-
finir l'impression que me causait ce mélange sans nom de poétique
beauté et d'immonde laideur.

Un autre contraste non moins lugubre devait me navrer encore
l'âme. Du côté de la rue de la Paix, la place Vendôme était couverte

de taches de sang ; de temps en temps on y voyait circuler des blessés et des tués, et sur ces taches de sang humain, à côté de ces malheureuses victimes de la guerre civile, un très-grand nombre d'insurgés, peut-être ceux qui, sans provocation, sans motif, avaient
déchargé leurs armes, riaient, mangeaient, buvaient, s'amusaient
comme s'ils fêtaient le plus heureux événement de leur existence.

En me rendant au ministère de la justice, je dus traverser plusieurs
groupes qui présentaient une physionomie très-différente. En général, les insurgés étaient fort étonnés de voir au milieu d'eux un costume ecclésiastique. J'avoue que, si je n'avais pas eu une mission de
dévouement sacerdotal à y remplir, malgré mon désir naturel de
beaucoup observer, je ne leur aurais point ménagé cette surprise.
Quelques-uns, en petit nombre d'ailleurs, m'accueillaient avec de
grossières injures et d'affreux ricanements. A quelques mètres du
ministère de la justice, un garde national, qui parlait et gesticulait
avec une rare vivacité, interrompit sa conversation pour m'adresser,
en me menaçant du poing, cette singulière apostrophe : « Quand
serons-nous délivrés de cette crapule-là ! » Je ne rapporte point les
autres aménités de ce genre dont je fus l'objet ; celle-ci est déjà de
trop. Leurs auteurs n'avaient sans doute appris à connaître et à juger le clergé que dans les violentes diatribes des citoyens Blanqui et
Félix Pyat.

D'autres, au contraire, me saluaient avec un respect et une bonne
grâce auxquels je m'empressais de répondre simplement et poliment. C'étaient d'honnêtes ouvriers qui devaient avoir eu des rapports avec le clergé de leurs paroisses, et dont les enfants recevaient
dans les catéchismes ou les écoles des congrégations religieuses une
instruction et une éducation qu'ils savaient apprécier. Tout était contraste dans cet étrange milieu. Afin de n'oublier aucun détail caractéristique, je saisis quelques réflexions qui dénotaient, de la part de
leurs auteurs, de sérieux regrets de la sinistre catastrophe qui frappait Paris d'épouvante.

Si, parmi les bataillons insurgés qu'on avait choisis pour faire feu
sur d'inoffensifs habitants de Paris, se trouvaient des hommes qui
déploraient les horreurs de la guerre civile, combien ne devait-il pas
s'en trouver dans les autres bataillons ! Si l'on pouvait séparer les

menés dès meneurs, les trompés des trompeurs, que la première catégorie serait considérable et la seconde restreinte! Un des plus sérieux reproches qu'on puisse faire à l'ouvrier de Paris, c'est une incroyable facilité à accepter tous les rêves creux que lui débitent les
charlatans et les coquins, et à mettre au service de leur folle ambition et de leurs coupables projets sa tranquillité, sa fortune, son
honneur, sa vie.

Mon guide, ou plutôt mon gardien, se montrait insensible aux injures comme aux saluts que je recueillais sur mon passage. L'arme
au bras, toujours impassible et solennel, c'est à peine si de loin en
loin il jetait de mon côté un regard inquisiteur pour affirmer son autorité et ma dépendance.

J'exposai au chef de poste qui gardait le ministère de la justice
l'objet de ma mission. C'était un officier fort jeune et bien élevé ; il
m'écouta avec attention et me dit, après m'avoir salué deux fois
avec une politesse pleine de déférence, que j'étais libre de faire tout
ce que je désirais.

Au ministère de la justice je retrouvai mon malade de la veille
épuisé par des émotions qui allaient précipiter sa fin. Il pouvait assister, de son lit de douleur, à toutes les scènes qui se passaient sur
la place. Dans un coin de l'appartement, sa sœur, douée de vertus
éminemment chrétiennes, et une dame âgée que je ne connaissais
point et qui probablement était leur mère, versaient des larmes de
deuil en face de tant d'infortunes publiques et privées. J'avais promis la veille au malade de ne venir le revoir que dans trois ou quatre
jours; mais, comme je ne pouvais pénétrer dans la place Vendôme
qu'en désignant l'endroit précis où je voulais me rendre, et comme
je ne pouvais mieux savoir que par sa famille dans quelle ambulance
on avait transporté les victimes de la fusillade, je lui expliquai rapidement le motif de ma visite anticipée et lui donnai quelques encouragements religieux qui devaient être les derniers. J'appris que les
morts et les blessés recueillis sur la place avaient été transportés
dans une des maisons voisines occupée par l'administration et l'ambulance du Crédit mobilier. Je m'y rendis en toute hâte.

Le ministère de la justice était aussi silencieux et aussi désert que
la nuit précédente. Quatre factionnaires étaient postés aux aboutis-

sants de la cour et du jardin ; un cinquième, placé à la porte de l'hôtel du ministère, avait l'air de garder très-consciencieusement une Excellence absente.

En sortant, je cherchai d'un œil discret mon solennel gardien pour me constituer de nouveau son prisonnier. L'officier qui m'avait reçu quelques instants auparavant m'apprit qu'il l'avait renvoyé à son poste ; du moment que j'avais obtenu l'autorisation d'entrer dans la place, j'y pouvais circuler librement.

A mon arrivée au Crédit mobilier, je rencontrai deux tués qu'on transportait dans leurs familles. On m'assura que l'un était M. Molinet, un des plus religieux et des plus édifiants jeunes gens de la Madeleine. Il avait été frappé à côté de son père que, malgré son inexprimable douleur, on avait séparé du corps de son fils unique et conduit comme prisonnier à l'état-major de la place. Après avoir adressé à Dieu une fervente prière en faveur de ces deux infortunées victimes, je demandai dans quelle salle on avait placé les blessés.

On comprend la consternation et la terreur qui régnaient parmi les habitants de la place Vendôme. Elles s'expliquent assez par les sinistres événements qui se déroulaient sous leurs regards et les périls de tout genre dont ils se voyaient à chaque instant menacés. La stupeur était peinte sur la figure des concierges du Crédit mobilier. C'est à peine si ces bonnes gens consentirent à laisser entr'ouvrir la porte de leur loge et à balbutier quelques réponses vagues qui ne répondaient à rien. A la fin ils me donnèrent, pour me conduire dans la salle où l'on avait déposé les blessés, un charmant enfant de huit à dix ans ; il examinait avec plus de curiosité que de frayeur les étranges physionomies des citoyens de Montmartre et de Belleville qui occupaient le vestibule.

Les blessés qu'on avait reçus à l'ambulance étaient au nombre de six. Ils étaient restés sur les civières où on les avait recueillis. Deux infirmiers, qui portaient la croix rouge de la Société internationale, s'occupaient d'eux avec sollicitude ; une cantinière, aux allures dégagées, témoignait de son côté un égal empressement à les secourir. Les insurgés qui affluaient dans la salle avaient une tenue décente ; ils parlaient à voix basse, et, à défaut de soins qu'ils n'étaient guère aptes à donner, la plupart manifestaient une sympathie mêlée de curiosité. D'ailleurs, aucune émotion ne se révélait sur leur figure. Ma présence ne les étonna point ; ils s'éloignaient discrètement lorsque je m'approchais des blessés. Aucun ne me parut mortellement frappé. Cependant, sur sa demande, j'administrai à l'un d'eux les secours religieux ; je me bornai à donner aux autres mes meilleurs encouragements, dont ils me remercièrent avec effusion. Ils appartenaient tous à la bourgeoisie. Le dernier arrivé était un habitant de la rue Meyerbeer qui ne paraissait pas avoir plus de trente ans. Il me raconta qu'il devait partir le soir même, pour aller rejoindre en province sa femme et ses enfants ; qu'il avait voulu auparavant faire acte de bon citoyen en s'associant à la manifestation. Il avait été frappé de trois balles ; mais aucune des trois blessures ne mettait sa vie en danger.

A l'entrée de la salle, on avait étendu sur le parquet un jeune homme saisi d'affreuses convulsions. Il était habillé moitié en soldat de la ligne, moitié en garde national. C'était, sans nul doute, un des trop nombreux soldats qui avaient pactisé avec les insurgés et s'étaient laissés entraîner au service de leur triste cause. La fusillade partie des rangs de ses nouveaux collègues, et les nombreuses victimes qu'elle venait de frapper, avaient dû lui donner un violent accès de remords. Il n'avait reçu aucune blessure, il avait été seulement attaqué d'un mal subit de nerfs qui l'avait mis dans un état pénible à voir. Il ne semblait rien entendre ; il était en proie à des crispations et à des contorsions d'un caractère vraiment effrayant. Je m'approchai de lui, essayai de lui adresser quelques bonnes paroles pour le calmer, et le recommandai à haute voix à toute la sollicitude des deux infirmiers de la Société internationale. Les gardes nationaux qui l'entouraient parurent touchés de me voir témoigner à un des leurs un intérêt égal à celui que je venais de témoigner aux bourgeois victimes de leur dévouement à la cause de la légalité et de l'ordre.

Avant de quitter la place Vendôme, je voulus m'assurer si on n'avait point déposé quelque victime de la guerre civile dans l'ambulance de M. Constant Say. C'était une des six ambulances que je m'étais chargé de visiter pendant le siége, pour y administrer les secours religieux et remonter le moral des soldats frappés par la maladie ou le fer ennemi. Cette ambulance était tenue avec un soin parfait ; plus d'une fois, en assistant aux repas des blessés, j'enviai, pendant les interminables mois de décembre et de janvier, la nourriture saine et abondante qu'on leur servait. On les traitait comme de véritables membres de la famille; ils étaient même les enfants gâtés de la maison. Ils recevaient tous les jours la visite d'un des plus célèbres médecins de Paris, qui leur prodiguait ses soins les plus intelligents, et celle, non moins affectueuse, du ministre de Jésus-Christ qui leur parlait de Dieu, de leur âme, de leur mère absente, de leur avenir temporel et éternel. Il ne pouvait en être autrement dans une famille dont le grand établissement industriel et l'inépuisable charité sont la providence de la classe ouvrière de Paris. J'ai eu la consolation de constater que tous les militaires qui étaient entrés dans cette ambulance en sont sortis meilleurs chrétiens et meilleurs Français.

Au demeurant, pendant toute la durée du siége, la sollicitude des habitants de Paris pour les militaires blessés ou malades a été simplement admirable, et les éloges que la justice me fait un devoir de décerner à l'ambulance de M. Constant Say, je les dois également aux autres ambulances que j'étais chargé de visiter : l'ambulance de M. Frottin, ancien maire du Ier arrondissement, rue Saint-Honoré ; l'ambulance de M. Jourdain, membre de l'Institut, rue du Luxembourg ; l'ambulance de M. le docteur Moissenet, médecin de l'Hôtel-Dieu, rue Richepanse ; l'ambulance de madame Dognin, au Point-du-Jour, à Auteuil ; enfin l'ambulance vaillamment fondée et dirigée à Grenelle, par quelques ouvrières à la foi ardente, au dévouement qui opère des miracles, et transportée, depuis le bombardement de Grenelle, dans le magnifique hôtel de M. le comte Mercy d'Argenteau, rue de Suresne.

Je savais d'ailleurs qu'il restait encore des blessés à l'ambulance de M. Say. La brutale invasion de la place Vendôme ne m'avait point permis d'aller les voir la veille et l'avant-veille. Pour y arriver, il me fallait traverser la place dans sa plus grande largeur. Elle ressemblait moins à une place qu'à un champ de bataille. Ici on rencontrait des faisceaux d'armes, là des caissons remplis d'approvisionnements, plus loin, des délégués du Comité central de l'Hôtel de Ville qui transmettaient des ordres avec un empressement fiévreux, partout des insurgés qui venaient de faire feu, et auxquels il n'en coûterait nullement de frapper de nouveaux coups.

Je n'avais plus de surveillant en armes pour m'accompagner. Dans ce trajet qui, je l'avoue bien naïvement, m'aurait paru beaucoup moins long dans des temps ordinaires, je fus encore l'objet des injures et des sarcasmes très-peu attiques de quelques-uns, du respect et de la sympathie de quelques autres, de l'étonnement ou de l'indifférence de la plupart. Jamais je n'avais vu un aussi grand nombre d'individus occupés à manger et à boire. L'appétit ne capitulait qu'après le complet épuisement des moyens de le satisfaire. Il est vrai que pour les ouvriers démoralisés qui affluent à Paris, le mot émeute signifie époque où l'on mange bien, où l'on boit mieux encore, et où l'on ne travaille pas du tout.

Contre la grille qui entoure la colonne étaient nonchalamment accroupis plusieurs gardes nationaux auxquels une cantinière servait des liqueurs. Le plus âgé n'avait certainement pas dix-huit ans. A mon approche, l'un, qui avait été sans doute enfant de chœur dans quelque église, fit instinctivement une respectueuse inclination de tête. Un second, qui avait des prétentions à la fine plaisanterie, me montra, avec un rire plus stupide que méchant, la pointe de son sabre. Un troisième — ceci devenait plus sérieux — chargea, ou fit semblant de charger son gros fusil à tabatière, qu'il tenait dirigé contre moi. En même temps, la cantinière l'excitait par d'atroces paroles qu'aucune oreille délicate ne me pardonnerait de rapporter. J'avais eu, depuis sept mois, tant d'occasions de recommander mon âme à Dieu, que je jugeai opportun de le faire une fois de plus. Cependant, pour ne pas trop prendre les choses au tragique, je me rappelai la plaisante réponse que m'avait faite un saint homme du quartier Saint-Sulpice forcé, après les trois premiers jours du bombardement de la rive gauche par les Prussiens, de venir chercher un refuge dans le quartier de la Madeleine. Comme je le félicitais de sa prudente détermination : « En vérité, me dit-il, je ne pouvais pas raisonnablement passer toutes mes nuits à recommander mon âme à Dieu ! »

J'arrivai à mon ambulance sans autre mal qu'une passagère émotion.

On n'y avait transporté aucune des victimes de la fusillade. Je trouvai mes chers blessés en excellente voie de guérison, mais très-tristes de ce qu'ils voyaient autour d'eux, très-humiliés surtout de l'inqualifiable défection d'une partie de la troupe dans la déplorable journée du samedi 18.

Ma mission sacerdotale était terminée. En traversant une dernière fois la place Vendôme pour revenir à mon point de départ, je ne fus le témoin ou l'objet d'aucun incident qui mérite d'être signalé. Le cordon épais d'insurgés qui gardait l'entrée de la place du côté de la rue de la Paix se rompit pour m'ouvrir un passage ; la patrouille qui se rappelait m'avoir donné la permission d'entrer ne m'adressa aucune question avant de me permettre de sortir. En rentrant dans la rue Neuve-des-Capucines, je rencontrai un individu qui couvrait de sable une véritable mare de sang. Rien n'avait été changé dans la disposition des patrouilles ; la rue ressemblait toujours à un tombeau. Presque en face du Crédit foncier, un boutiquier, d'une mise très-convenable, entr'ouvrait timidement une des portes de son magasin, et demandait à la dernière patrouille du côté du boulevard, dont j'étais encore éloigné d'une cinquantaine de mètres, la permission de passer. Il paraissait si déconcerté, sa figure était empreinte d'une telle pâleur, que la patrouille, très-fière de l'effroi qu'elle inspirait, ne manqua point une si belle occasion de s'amuser à ses dépens. On l'interrogea avec une solennité affectée dont j'aurais volontiers ri dans des temps moins tragiques, on lui adressa une longue et sévère recommandation, et lorsque, plus mort que vif, il tourna le dos aux insurgés pour gagner le boulevard, le plus jeune de la bande, qui venait de faire succéder à son austère gravité de juge d'instruction ou de président des assises, une malicieuse hilarité de gamin, prit son fusil, et, le dirigeant contre le boutiquier qui, heureusement, ne se doutait pas de cet étrange salut militaire, eut l'air de se dire : « Si tous les autres bourgeois ressemblent à celui-ci, Paris est décidément à nous. »

Autant j'avais été effrayé, à la place Vendôme, de la désinvolture, de l'audace, de la jactance des ouvriers des faubourgs, des repris de justice et des révolutionnaires cosmopolites qui s'en étaient emparés, autant je fus attristé de l'attitude morne et déconcertée de la plupart des habitants du quartier. C'était plus de la stupeur que de l'indignation. On osait à peine paraître à la porte des maisons, on se parlait à voix basse, dans la crainte de se compromettre. Cette regrettable attitude des amis de l'ordre offrait un nouvel aliment à l'énergie et à l'audace des ennemis de la société. Je comprenais pour la première fois comment, en 1793, une poignée de factieux avait réussi à terroriser et à décimer le parti des honnêtes gens, qui était dix fois plus nombreux. Le jour seulement où les hommes d'ordre diront au parti du désordre, avec la même énergie et la même ténacité que Dieu aux flots de l'Océan : « Tu n'iras pas jusque-là ! » Paris n'aura plus rien à craindre des révolutions et de l'anarchie, la France n'oscillera plus entre les excès également funestes du despotisme et de la licence.

Si ce naïf et impartial récit, destiné à jeter un peu de lumière sur un des plus douloureux et des plus exécrables épisodes de la révolution du 18 mars, avait également pour effet, d'abord, d'appeler d'une manière plus sérieuse l'attention des hommes d'ordre et de conservation, à quelque nation et à quelque parti honnête qu'ils appartiennent, sur les ténébreux agissements de ces sociétés internationales de démagogues qui, sous le masque d'associations ouvrières, d'intérêts économiques et de protection mutuelle, visent à la négation de Dieu, de la famille et de la patrie, à l'anéantissement du capital, de l'épargne, de la hiérarchie domestique et politique, en un mot, de tous les principes sur lesquels repose la société ; ensuite, de bien convaincre les honnêtes gens de Paris et de toutes les grandes villes de France, que le parti du désordre et de l'anarchie, quoique se recrutant aujourd'hui dans tous les bas-fonds sociaux de l'Europe, n'est souvent fort que de leur inaction et de leur égoïsme ; qu'il n'a de puissance qu'autant que leur en donne leur manque de discipline et d'énergie ; qu'il leur suffit de se compter, de s'organiser, de s'affirmer, pour le réduire à l'impuissance et au néant, j'aurais réalisé un de mes vœux les plus chers et travaillé dans ma sphère d'action à la consolidation de l'édifice social et de l'ordre public, si profondément ébranlés.

Il était près de six heures quand je rentrais chez moi.

J'avais passé un peu plus de trois quarts d'heure au milieu des insurgés et des blessés de la place Vendôme. Dieu seul pourrait dire avec quelle émotion et quelle instance je lui demandai qu'une pareille épreuve ne fût plus réservée à mon cœur de prêtre et de Français.

Ici s'arrête mon premier récit, rédigé à la fin de mars. Je n'ai pas besoin d'ajouter que ce vœu ne devait pas être exaucé. La Commune s'était établie sur le sang et la terreur ; elle devait finir dans une infernale débauche de folies et de crimes.

DEUXIÈME PARTIE

LA ROQUETTE

De mon premier récit, relatif au drame sanglant de la place Vendôme et rédigé à la fin de mars, je ne passerai point sans transition à mon second récit, rédigé à la fin de mai, où je raconte l'invasion de l'église de la Madeleine, ma détention à la Préfecture de police et à Mazas, et les suprêmes forfaits de la Commune que j'ai vus se consommer à la Roquette.

Quelles étaient les appréciations des rares hommes politiques restés à Paris sur les étranges événements qui se déroulaient à leurs yeux, sur les complices et les auxiliaires que recherchaient les hommes de la Commune, sur la part de responsabilité qui revient à l'élément national et international dans ses folies et ses crimes?

Il faut rendre cette justice aux insurgés victorieux du 18 mars, que l'art de dissimuler était la moindre de leurs qualités, peut-être même le moindre de leurs soucis. S'ils visaient à copier Carnot, Danton et Robespierre, ils n'avaient point la prétention de se montrer les émules de Richelieu, Mazarin et Talleyrand. Avec un peu de sang-froid, de curiosité et de discernement, il était facile de pénétrer dans leur cuisine et de s'édifier sur les ingrédients et la préparation du menu qu'ils nous servaient chaque jour. Ils avaient une dose trop faible de sens moral pour se préoccuper des questions d'honorabilité et de convenance ; la souveraineté du but leur faisait complétement oublier la délicatesse des moyens et la pudeur des formes. Aussi les hommes politiques qui n'avaient point fui devant les héros de l'*Internationale* ne perdaient point leur temps. S'ils ne pouvaient guère agir, ils pouvaient du moins beaucoup observer, se communiquer le résultat de leurs impressions, se faire une conviction raisonnable sur le fonctionnement de la machine révolutionnaire, dont une foule de ressorts importants et de moteurs mystérieux n'étaient point dévoilés par les gazettes de la Commune et devaient ainsi échapper à l'attention du vulgaire.

J'ai déjà protesté contre la faiblesse, l'aveuglement ou la connivence des maires et députés républicains de Paris qui, au lendemain des massacres de la place Vendôme, faisaient de la conciliation avec les agents du Comité central, désorganisaient et dispersaient les bataillons de la garde nationale restés fidèles à la cause de l'ordre, livraient Paris à une association d'aventuriers et de malfaiteurs dont on connaissait les démêlés des uns avec la justice de leur pays, l'origine étrangère des autres, la haine sauvage de tous contre les institutions sociales.

Loin d'avouer plus tard leur faiblesse ou leur erreur, la plupart des partisans de la république radicale poursuivirent à Paris et dans les grandes villes de France leur campagne contre l'Assemblée nationale avec une persistance et une hypocrisie qu'on ne saurait assez flétrir. Pour conserver la république, ils enhardissaient et fortifiaient la Commune, sacrifiant ainsi à leur idole gouvernementale la paix, la prospérité, l'honneur, l'existence de leur pays.

. La Commune ne dissimulait point ses tendresses pour de tels auxiliaires; mais elle en caressait d'autrement sérieux et compromettants.

Jusqu'aujourd'hui les partis les plus extrêmes n'avaient jamais songé à divorcer avec le patriotisme. Il était réservé aux hommes de la Commune de fouler aux pieds ce vieux préjugé des nations. Pendant le siége de Paris par les Prussiens, ils réclamaient avec une bruyante ardeur la guerre à outrance, les sorties en masse, *les batailles torrentielles*. Lorsque la conspiration les rend maîtres de Paris, leur violence et leur férocité contre les Prussiens se changent en dévouement obséquieux, en prévenances du caractère le plus amical. Ces protestations immorales s'étalent dans les colonnes du journal officiel de la Commune avec un cynisme qui fait monter la rougeur au front. Le délégué chargé des relations extérieures traite les Prussiens, qui venaient d'humilier et de lacérer la France, de bombarder et d'écraser Paris, comme s'ils étaient nos plus fidèles alliés, comme s'ils venaient de se sacrifier héroïquement pour notre salut[1].

Les généraux de la Commune, qui étaient quelques semaines auparavant incarcérés par le gouvernement de la Défense nationale, comme espions et agents prussiens, ne changent rien à leurs agisse-

---

[1] Cette imperturbable sympathie de la Commune pour les Prussiens ne semble-t-elle pas prouver que ceux-ci ne travaillaient nullement à s'en rendre indignes. A tort ou à raison, les hommes réfléchis, qui voyaient les choses de près, ne conservaient aucun doute sur une sérieuse réciprocité de la part des Prussiens.

Les journaux qui autrefois appartenaient au parti de Cluseret ont remarqué que l'ex-général de la Commune était expulsé de France avant le 4 septembre, et qu'il y rentra grâce à l'intervention du consul de Prusse à Genève.

« Les troubles qui éclatèrent à Lyon et à Marseille pendant le siége de Paris, dit *la Cloche*, et qui furent provoqués par ce personnage, sont une preuve trop manifeste de la connivence des Prussiens avec Cluseret et autres sectaires, dont le dernier mot a été l'odieuse Commune. »

Le Constitutionnel signale, entre autres, un curieux document qui a été remis au ministre de la guerre. C'est une lettre émanée de l'autorité militaire prussienne et adressée au délégué de la Commune à la guerre. Dans cette lettre on offre à la Commune des quantités considérables de farine et de chassepots avec sabres-baïonnettes à des prix déterminés. L'échantillon de la farine proposée est joint à la lettre. Le *Constitutionnel* ajoute :

« Ainsi serait irréfutablement démontrée la connivence des autorités prussiennes avec les bandits qui ont incendié Paris; mais MM. les Prussiens sont toujours et avant tout hommes d'affaires. Complices, ils l'étaient; mais leur complicité devait être payée à beaux deniers comptants. »

D'après le *Journal des Débats*, les Prussiens ont rendu un véritable service à l'humanité; ils ont sali l'idée de la guerre. Depuis le commencement du monde la guerre, cette tuerie collective, ce meurtre en grand, était associée à des idées nobles, à des idées lyriques; elle était toujours chantée par les poëtes.

« Les Prussiens en ont fait une affaire; ils ont fait une expédition commerciale, la Toison d'or et d'argent du dix-neuvième siècle. Il sera difficile de trouver un poëte pour mettre en vers ou en épopée une entreprise générale de déménagement. »

Il sera plus difficile encore de contenir l'indignation des honnêtes gens contre les vainqueurs de la France, s'il reste démontré dans l'histoire qu'afin de rendre cette « entreprise générale » plus lucrative, ils n'ont pas craint de favoriser les chevaliers de l'incendie et de l'assassinat.

ments patriotiques. Le délégué à la guerre, comme l'a rappelé le général Trochu à la tribune, « rend une série d'arrêtés très-sévères qui ont pour but d'assurer à l'ennemi la libre jouissance que lui conféraient les négociations en cours. » Les politiques et les chimistes de la Commune nous prouvent, en outre, qu'ils ont travaillé à bonne école; car ils empruntent à M. de Bismark et à M. de Moltke deux procédés dont le seul nom inspire aujourd'hui l'horreur : le système des otages et l'usage du pétrole.

Pour assurer le payement intégral des exorbitantes réquisitions dont ils frappaient les provinces envahies, pour se venger du peu d'enthousiasme que montraient sur leur passage les populations meurtries et humiliées, les Prussiens retenaient comme otages les habitants les plus notables et les envoyaient dans les prisons d'Allemagne. Les citoyens Ferré et Raoul Rigault ont trouvé ce système trop ingénieux et trop commode pour ne pas en faire une large application : ils ont pris comme otages, enfermé à Mazas et à la Roquette les prêtres et laïques qui avaient, aux yeux de ces serviles imitateurs, le tort impardonnable d'être plus dévoués aux intérêts sociaux et français qu'à ceux du désordre et de la démagogie.

Il y a quatorze mois, on découvrait chez les principaux affiliés de l'Internationale un dictionnaire spécial où les mots courants de leur langue usuelle étaient *nitro-glycérine*, *picrate de potasse*, recette au *sulfure de carbone*, au *chlorate* et au *prussiate de potasse*. A la suite des recettes on lisait ces mots, qui en spécifiaient l'emploi : « A jeter par les fenêtres. A jeter dans les égouts. » Si l'on n'y rencontre pas encore la plus formidable des recettes, c'est que les citoyens de la Commune n'avaient pas encore appris, à l'école des ingénieurs prussiens, l'art de réduire facilement en cendres les maisons et les monuments à l'aide du *pétrole*.

En poursuivant le récit des horribles méfaits de la Commune, je cherche pour mon cœur de Français une consolation dans cette pensée, que les assassins et les incendiaires de Paris ne reniaient pas seulement leur Dieu, mais encore leur pays ; qu'ils ne représentaient pas seulement le parti du crime, mais encore le parti de l'étranger.

I

INVASION ET FERMETURE DE LA MADELEINE.

Quand on a suivi avec une attention sérieuse les différentes évolutions de la Commune, on est frappé de la différence qui existe entre ses débuts et sa fin. Ses débuts étaient plutôt grotesques qu'effrayants : les hommes politiques les plus préoccupés des écueils où elle menaçait de précipiter la France et la société ne prévoyaient pas d'abord les méfaits sans ncm qui ont fait de sa fin une des plus sinistres pages de l'histoire humaine.

Il est facile d'en comprendre la raison. Une fois maîtres de Paris, les charlatans et les coquins qui composaient la Commune espéraient devenir les maîtres de la France. Ils se voyaient déjà à la tête d'une révolution sociale à exploiter, et, grâce aux succès inattendus qui leur assuraient le rôle séduisant de rénovateurs, ils se prirent vite au sérieux. De là cette avalanche de décrets bizarres, fantastiques, incohérents, qui restaient à l'état de lettre morte et n'avaient d'autre résultat que d'amuser le Parisien insouciant et frivole.

Mais le jour où les généraux de la Commune, décidés à tenter un audacieux effort pour s'emparer de Versailles et donner la main à leurs nombreux agents des centres populeux de la province, furent foudroyés par l'armée qu'ils croyaient désorganisée ou gagnée à leur cause, tous leurs plans étaient bouleversés. Les tentatives d'insurrection échouaient dans les grandes villes. La Commune n'avait plus rien à attendre de l'intervention des départements ; sa domination se trouvait restreinte à Paris ; les jours de cette domination étaient même comptés. Alors aux projets de rénovation sociale succédèrent les projets de haine et de vengeance. Les singes de l'Hôtel de Ville devinrent des panthères. Les prophètes et les apôtres de la Commune perdaient leur sang-froid. L'immonde Félix Pyat s'épuisait en atroces invectives, et l'infernal Delescluze laissait pressentir qu'il ferait plutôt sauter Paris que l'abandonner à la France.

Pendant que les émissaires de la république radicale trompaient sciemment la France et l'Europe sur l'état de Paris, pendant qu'ils colportaient les frauduleux et impertinents sophismes que leur dictaient leur admiration pour la Commune et leur haine pour l'Assemblée nationale, quel langage tenaient les correspondants des journaux étrangers, qui n'avaient dans ces luttes intestines d'autre souci que l'exactitude et l'impartialité? Le correspondant du *Times* ne se contentait pas de comparer Paris à une chaudière infernale où bouillonnaient toutes les passions humaines; il dépeignait ainsi les forces armées de la Commune : « A côté de vieillards et de jeunes gens nourris de la phraséologie, pour eux toujours jeune, de la première Révolution, tous les chenapans de Paris sont sous les armes. Jamais je n'ai vu, même à Londres, une collection de figures aussi sinistres. Ces hommes semblent toujours plus ou moins ivres. Ils n'ont peut-être pas cessé de l'être depuis le 18 mars. » Voilà le spectacle des rues et des places publiques; celui des forts et des remparts avait un caractère plus expressif encore : « L'homme n'y est plus qu'un animal féroce, flairant partout le sang. On ne s'y reconnaît plus et l'on ne connaît plus rien. »

Le service paroissial que je dirigeais à la Madeleine, après l'arrestation de M. Deguerry, avait d'abord présenté peu de difficultés. La Commune s'était bornée à me faire, en termes décents, quelques réquisitions insignifiantes; la qualification de « citoyen directeur de l'église de la Madeleine, » qu'elle me décernait avec le plus grand sérieux, m'égayait un moment au milieu de mes soucis et de mes douleurs.

C'est avec le citoyen Allix, une des physionomies les plus bizarres de la Commune, que j'entretenais une correspondance officielle. Depuis qu'il avait été investi de la direction du VIIIe arrondissement, il avait singulièrement baissé son diapason révolutionnaire. Il avait suffi à ce démagogue intempérant de passer du quartier général de la Commune dans un arrondissement conservateur, pour subir l'influence politique et morale de ses administrés. Il y avait dans cette individualité pittoresque et mobile un tel mélange de légèreté et de bonté, que trois semaines de plus passées à la mairie du VIII⁰ arrondissement en auraient fait le citoyen le plus bienveillant et le plus réactionnaire du faubourg Saint-Honoré. Chargé de remplacer l'enseignement des congrégations religieuses par l'enseignement laïque, il était devenu le plus zélé protecteur des écoles des Sœurs de Saint-Vincent de Paul. Me trouvant un jour à l'école de la rue de la Ville-l'Évêque, je demandais à la sœur directrice des classes quel était cet inspecteur d'ancien régime qui venait de visiter la maison avec un air si obligeant et si paternel : « C'est M. Allix, notre nouveau maire, » me répondit-elle avec un sourire de satisfaction. Chargé de surveiller et de persécuter le clergé de son arrondissement, il lui témoignait une sympathie qui se montrait de jour en jour plus attentive et dévouée.

Je savais qu'en lui tenant un langage énergique, on le faisait immédiatement changer d'avis.

Aussi, lorsque l'ordre fut donné aux églises du VIII⁰ arrondissement d'arborer le drapeau rouge, je lui écrivis une lettre dont je cite le passage le plus saillant, pour montrer qu'en effet le meilleur moyen de réussir avec ce membre de la Commune, c'était l'énergie et la hardiesse.

« Aucun gouvernement, pas même celui de 1848, n'a fait placer le drapeau sur les églises. Aucun emblème politique n'est à la hauteur du Dieu qu'on y prie et n'ajoute rien aux grâces qu'on y reçoit. Je ne connais et n'admets d'ailleurs d'autre drapeau que celui de la France.

« Si la Commune, sans m'en prévenir, avait arboré le drapeau rouge sur le fronton de la Madeleine, je n'aurais pu songer à opposer la force à la force ; je me serais borné à protester contre un empiétement aussi puéril qu'odieux.

« Mais en me prescrivant de me procurer le drapeau et de le faire

placer sur notre église, elle m'ordonne une chose impossible, et aucune puissance au monde ne me fera commettre un acte qui me
semblerait peu digne de moi et du ministère que j'exerce.

« J'espère que ma manière d'agir vous paraîtra conforme à tous
les principes de liberté religieuse, et qu'au besoin vous prendrez
des mesures pour que cette liberté soit plus respectée dans le VIIIe arrondissement qu'elle ne l'est en ce moment dans la plupart des quartiers de Paris. »

Ma lettre resta sans réponse, mais le drapeau rouge ne flotta point
sur l'église de la Madeleine.

Lorsque j'appris l'arrestation du citoyen Allix, accusé par ses collègues de la Commune tantôt de folie, tantôt d'infidélité à sa mission, j'en éprouvai les plus vifs regrets, car elle me plaçait dans une
situation des plus critiques. Plus j'avais été laissé libre par le citoyen
Allix, plus j'allais me trouver compromis aux yeux de ses farouches
successeurs.

Je suivis une voie moins officielle pour préserver la Madeleine des
clubs qui envahissaient les églises. Rien de plus hideux, de plus intolérable que ces réunions tumultueuses, où l'on semblait profiter
du voisinage des autels pour proférer les plus impurs blasphèmes.
J'ai plus d'une fois constaté que les motions les plus immorales et
antisociales étaient généralement faites par les « citoyennes. » Fort
de l'avis de Mgr Buquet, mon supérieur hiérarchique, et de mon
zélé confrère M. l'abbé de Bretagne, qui approuvaient et appuyaient
ma résistance au drapeau rouge et aux clubs, secondé par les employés de la Madeleine, qui montraient une fermeté et une intelligence au-dessus de leur condition, je demandais invariablement aux
patriotes qui voulaient transformer notre église en club :

— Êtes-vous un des citoyens du VIIIe arrondissement?

Lorsqu'ils me répondaient négativement — et c'était le cas général, car ce quartier était le plus opposé aux hommes et aux idées de
la Commune, — j'engageais ces éloquents patriotes à s'adresser à
leurs mairies.

Une fois seulement ils me donnèrent une réponse affirmative. Mais
sur mon observation que si le club ne réunissait pas plus d'un mil-
lier d'assistants, ces assemblées paraîtraient mesquines et même

ridicules dans un local aussi vaste que la Madeleine, ils se reti-
rèrent, très-touchés de mon obligeant intérêt[1].

Les succès de l'armée de Versailles, tout en réjouissant le cœur
des honnêtes gens restés à Paris, devenaient pour eux une source de
dangers et de menaces. La Commune concentrait ou plutôt abdiquait
ses pouvoirs civils et militaires dans les mains du Comité de salut
public et du Comité central. Le mercredi 17 mai, appelé à donner
les derniers secours de la religion à la fille d'un concierge de la rue
de la Victoire, je trouvais le IXe arrondissement cerné par les insurgés, qui opéraient de nombreuses arrestations. Je dus à un des journaux les plus avancés de la Commune, que je faisais semblant de
lire très-attentivement, de traverser sans encombre leurs rangs in-
quisiteurs.

Le 18, jour de l'Ascension, on fermait l'église Saint-Augustin et
l'on incarcérait un des vicaires et l'organiste. Pendant la journée,
tous les offices étaient célébrés à la Madeleine, devant une assistance
très-compacte et très-recueillie ; mais je conservais si peu d'illusions sur le sort qui m'attendait, que je priai un paroissien de la Madeleine, le docteur B. de L..., de me mettre en rapport, après l'office
des vêpres, avec M. Jacquemin, un des médecins de la prison de Mazas. Tout me disait que j'allais avoir bientôt besoin de ses bons services. Je connaissais déjà M. de Beauvais, le second médecin de Mazas,
dont je devais apprécier plus tard le courageux dévouement et qui
avait eu la délicate pensée de me donner des nouvelles de M. le
curé de la Madeleine et de Mgr l'archevêque de Paris. Après mon en-
trevue avec le docteur Jacquemin, j'éprouvai les plus grands embar-

---

[1] Décidé à protester publiquement contre le drapeau rouge et les clubs dans le
cas qu'on persistât à les imposer à la Madeleine, je me rendis le 10 mai aux bureaux
de *l'Univers* pour demander s'il consentirait à publier ma protestation. *L'Univers*
était alors le seul journal religieux qui parût à Paris ; il attaquait chaque jour la
Commune avec une énergie et une verve qui faisaient du bien aux honnêtes gens.
L'employé qui me reçut promit d'insérer, quels qu'en fussent les termes, cette protestation dont il encouragea l'idée au nom de la rédaction du journal présente à
Paris. Malheureusement on lisait, deux jours après, dans le *Journal officiel* de la
Commune :

« Le membre de la Commune délégué à la sûreté générale arrête :

« Le *Moniteur universel*, *l'Observateur*, l'Univers, *le Spectateur*, *l'Étoile* et *l'Ano-
nyme* sont supprimés.   F. Cournet. »

ras pour rentrer dans mon domicile : la rue de la Ville-l'Évêque
était envahie par une bande armée de gardes nationaux ; la maison
des Sœurs de charité, située en face du presbytère, était gardée par
deux sentinelles. Les Sœurs en avaient été expulsées; on avait confié
l'école des jeunes filles à quelques citoyennes qui, d'après les mau-
vaises langues du quartier, avaient été remplacées à la prison de
Saint-Lazare par les Sœurs de Picpus, accusées d'une série de crimes
plus fantastiques les uns que les autres.

J'achetai, comme la veille, un des journaux les plus avancés de la
Commune, et, armé de ce sauf-conduit d'une espèce nouvelle, je fis
plusieurs détours pour pénétrer dans la rue de la Ville-l'Évêque par
le côté le moins encombré de gardes nationaux. Autrefois, en présence d'un voleur et d'un assassin, on aurait invoqué avec empressement la protection d'un garde national ; depuis le règne de la
Commune, les gens honnêtes redoutaient ou fuyaient comme les pires des malfaiteurs ceux qu'ils rencontraient sur leur passage. Aussi
la nouvelle organisation militaire que nous réservent les législa-
teurs du pays fera subir, sans doute, à notre milice citoyenne une
transformation radicale, car il serait difficile de la relever du discré-
dit moral où elle est tombée.

Quelques instants après, un prêtre polonais, qui se dévouait au service des ambulances avec un zèle infatigable, me prévenait que l'ordre était signé de fermer les églises et d'arrêter les prêtres encore
présents à Paris. La part considérable qui avait été faite à la Pologne
dans l'état-major des armées de la Commune me portait à croire
que ce charitable avis ne manquait pas de fondement. J'allai trouver
M. de Bretagne dont le dévouement était à la hauteur de toutes les
difficultés, et pris avec lui les dispositions nécessaires pour préserver
la sainte Eucharistie d'une profanation. Déjà, dans quelques églises,
les insurgés avaient jeté au vent ou emporté dans leurs gibernes les
saintes espèces. A cette même heure, l'église Saint-Philippe-du-Roule
était envahie par les insurgés, et, à défaut de prêtres, on arrêtait les
deux employés qui gardaient l'église. La Madeleine était la seule
église du VIIIe arrondissement qui fût encore ouverte.

Bien qu'on eût, depuis l'arrestation de M. Deguerry, mis en lieu
sûr une partie des objets précieux de l'église, j'employai les premiè-

res heures de la journée du vendredi 19 à confier ceux qui restaient à quelques ouvrières. Je ne laissai à l'église que les objets de peu de valeur et plusieurs centaines de francs; les agents de la Commune tenaient, en effet, singulièrement à l'argent : dans les expéditions qui ne leur rapportaient point quelques billets de banque ou quelques rouleaux de pièces d'or, les lieux envahis et les personnes arrêtées avaient tout à souffrir de ce mécompte financier.

A trois heures et demie, la porte de la sacristie s'ouvrait avec fracas : un jeune homme d'une taille élevée, vêtu à la Robespierre, enveloppé d'une écharpe rouge qui lui couvrait la moitié du corps, s'avançait à la tête d'un peloton de fédérés armés de revolvers et s'écriait d'une voix tonnante : « Par arrêté du Comité de salut public, l'église de la Madeleine est fermée. » C'était, avec le célèbre citoyen Le Moussu, le chargé des délégations judiciaires de la Préfecture de police.

Je distribuais, en ce moment, des secours aux malheureux que le régime de la Commune avait privés de travail et de pain ; je portais mon costume ecclésiastique et mon habit de chœur. L'émoi fut grand dans la sacristie : quelques-unes des personnes qui m'attendaient pour se confesser prirent la fuite; une seule, la femme d'un ancien préfet de l'empire, resta bravement pour se rendre compte de ce bizarre spectacle.

Je m'approche du délégué judiciaire et lui demande communication de l'arrêté officiel pour en constater la régularité. Pendant que je le lisais, je voyais dans ses mains deux autres arrêtés du Comité de salut public, prescrivant l'un mon arrestation, l'autre la suppression de quelques feuilles qui n'avaient pas encore fait leur complète soumission à la Commune. Je crus reconnaître au bas de ces trois mandats la signature de Ranvier, maire de Belleville, un des membres les plus influents de la Commune et du Comité de salut public. Ancien commerçant de vins en faillite, frappé de plusieurs condamnations judiciaires, il avait, comme tous les déclassés, juré une haine implacable à la société. Il s'était acquis une grande popularité en prêchant dans les clubs, après le 4 septembre, la guerre sociale, comme il y avait prêché, dans les derniers mois de l'empire, la revendication de la liberté absolue ! C'était en vertu de cette liberté absolue qu'il venait de signer trois mandats qui portaient une brutale atteinte, le premier à la liberté religieuse, le second à la liberté civile, le troisième à la liberté politique.

— Êtes-vous le citoyen directeur de l'église de la Madeleine ? ajoute le délégué assez aigri de l'inspection de son mandat, qui lui semblait légèrement impertinente.

Je lui aurais volontiers répondu comme Sganarelle : « Oui et non, selon ce que vous lui voulez. » Malheureusement nous ne vivions plus dans le Paris de Molière, mais dans celui de la bêtise et du crime.

— Vous savez bien que M. le curé de la Madeleine a été arrêté il y a six semaines ; c'est moi qui le remplace en ce moment.

Je n'avais pas achevé ces paroles, qu'il prenait son second mandat et s'écriait d'une voix plus tonnante encore : « Par arrêté du Comité de salut public, le citoyen directeur de l'église de la Madeleine est arrêté. »

Les sicaires dont il était escorté, et qui appartenaient au bataillon des *Vengeurs de Flourens*, se précipitèrent sur moi, tenant leurs revolvers tantôt sous ma gorge, tantôt contre ma poitrine, et me jetant à la face une série de qualifications dont les plus décentes étaient celles de « bandit, canaille, crapule, assassin! » L'un d'eux, dont l'ivresse seule peut expliquer la stupide férocité, criait en essayant de bien ajuster son arme : « C'est toi, ignoble canaille, qui fais assassiner par les chouans de Versailles les patriotes de Paris ; les prêtres sont les bourreaux du peuple, il faut tous les fusiller ! »

J'avais d'abord accueilli ces misérables avec un sentiment de résignation et de politesse. Leurs lâches invectives me firent monter la rougeur au front et me déterminèrent à leur tenir tête.

— Je ne suis pas habitué à entendre un pareil langage, dis-je à leur chef ; si on continue à me traiter de la sorte, je m'assieds sans plus mot dire, et la force seule m'arrachera de ce sanctuaire.

Il fit signe à ses séides de modérer leur indignation civique, mais sans rien obtenir. Mon projet était de les conduire sur le terrain de la discussion, de chercher à les désarmer et à préserver l'église de la dévastation en les réduisant à l'impuissance de justifier leurs actes et leurs outrages.

Pendant deux heures, — deux heures plus longues que deux siècles, — il me fallut, au prix des plus graves périls, défendre ma dignité d'homme et de prêtre contre ces émissaires aussi ridicules qu'odieux. Je rapporte les incidents les plus saillants de cet échange d'observations.

J'avais d'abord demandé pourquoi on m'arrêtait. A cette question, le délégué du Comité de salut public avait répondu par un torrent d'accusations et de malédictions contre le « misérable quartier de la Madeleine, le plus hostile de Paris au régime de la Commune. » En cela, il n'avait pas tout à fait tort, car, dans les dernières élections, la paroisse de la Madeleine, qui comprend une population de quarante mille habitants, n'avait pas donné plus de cent voix aux candidats de la Commune. Dans le VIIIe arrondissement, où se trouve l'église, sur près de dix-neuf mille électeurs inscrits, le membre de la Commune avait été nommé par cinq cents voix. « Il faut donc, ajoutait-il, vous faire expier vos conspirations en faveur des assassins de Versailles. » Ici le délégué n'était plus dans le vrai. Mais il devenait évident pour moi que j'étais arrêté parce que j'étais « le citoyen directeur de l'église de la Madeleine » et qu'on voulait me faire expier la sympathie et le concours que les paroissiens de la Madeleine avaient l'impardonnable tort de refuser à la Commune. Pour gagner du temps et calmer ainsi leurs fureurs, je les entraînai sur le terrain politique. Mes observations déconcertaient visiblement mes interlocuteurs. Les épithètes de « canaille, crapule, assassin ! » devenaient de plus en plus rares, et les revolvers, d'abord si agiles et si impertinents, rentraient peu à peu dans leurs étuis.

Un autre incident, qui pouvait me perdre, servit à les déconcerter encore davantage. Pendant la dernière moitié du règne de la Commune, l'affaire des cadavres trouvés à Saint-Laurent, à Notre-Dame-des-Victoires, à Notre-Dame-de-Lorette, avait eu un funeste retentissement. Foulant aux pieds les rapports des médecins et l'évidence elle-même, les feuilles de la révolution, le *Journal officiel*, les clubs, criaient au scandale ! Les crimes les plus abominables étaient imputés au clergé ; chaque jour, à l'aide de récits extravagants, de gravures immondes, on poursuivait une diabolique croisade contre le clergé. On avait beau opposer à ces extravagances des raisons

péremptoires, les raisons devenaient de nouveaux sujets d'incrimi-
nations et d'invectives qui me donnaient beaucoup à réfléchir[1].

Les caveaux de la Madeleine étaient, à cette époque, encombrés
de cadavres. Pendant le siége de Paris par les Prussiens, on y avait
déposé les corps de plusieurs généraux et étrangers de distinction,
en attendant qu'on pût les transporter dans leurs lointains caveaux
de famille.

Je cherchais depuis quelques jours une raison qui expliquât la
présence de ces cadavres de manière à fermer la bouche à ces fous
furieux. Je n'en avais trouvé aucune. Le moment de répondre était
arrivé.

— C'est dans cette misérable paroisse de la Madeleine, s'écriait le
délégué de la Commune avec un sourire de mépris et de haine, que
nous allons découvrir des infamies sur le compte des prêtres. Je
parie, disait-il en se tournant vers ses agents, que nous allons y voir
encore plus d'horreurs qu'à Saint-Laurent et Notre-Dame-des-Victoires. Citoyens, descendons aux caveaux !

[1] Le *Journal officiel* du 2 prairial an 79 (21 mai 1871) contient un *deuxième rapport
sur la recherche des crimes commis à l'église Saint-Laurent*. La Commune en avait
confié la rédaction au citoyen Leroudier. Ce volumineux rapport est écrit en termes
si furibonds et si obscènes, qu'on se demande comment il s'est trouvé un imprimeur
capable de le livrer à la publicité. J'en reproduis un des rares passages qui puissent
encore se lire. Après avoir accusé le clergé de tous les forfaits, le citoyen Leroudier
le livre à la justice du peuple :

« Le crime impuni est là !... visible !... palpable ! écrasant !... Faites-vous justi-
ciers ! soyez nos vengeurs !...

« Elle vient enfin, la justice, majestueuse, inexorable ; elle arrive ! Car rien ne
l'arrête, ni le temps, ni l'espace ! Elle porte en ses mains la balance et le glaive
étincelant. Ah ! misérables ! vous pensiez être à l'abri de toute revendication ! Mais
c'est en vain que vous aviez rempli la crypte des os de nos aïeux ; des mains hardies,
des mains vengeresses les ont soulevés et mis à nu la tombe accusatrice (*sic*). L'heure
terrible sonne enfin pour vous ! L'avenir confesse le passé ! Les pages de votre histoire s'imprimeront avec du sang et seront lues à la lueur sinistre de vos bûchers. »

On sait aujourd'hui que la Commune avait d'abord confié l'enquête sur les cadavres de Saint-Laurent aux médecins les plus autorisés, et que leurs rapports démon-
traient jusqu'à l'évidence la mauvaise foi et l'ineptie des accusateurs du clergé. Mais
la Commune, avec la loyauté qui la caractérise, les remplaçait dans les colonnes
de ses journaux par la rhétorique boiteuse et les prosopopées échevelées du citoyen
Leroudier.

C'est le lendemain et le surlendemain de cette proclamation officielle que les
prêtres enfermés à Mazas étaient conduits à la Roquette.

Le rayon lumineux que je cherchais inutilement depuis trois semaines avait tout à coup brillé à mon esprit. J'avais trouvé la raison qu'il me fallait. Quoique aux mains des sicaires du Comité de salut public, je bénissais Dieu de sa protection.

— J'ai deux observations à vous faire, lui répondis-je. La première, c'est que vous trouverez dans les caveaux de la Madeleine un bien plus grand nombre de cadavres que dans les autres églises...

Il me semble encore voir le délégué poussant, à ces mots, un tel ricanement d'infernale satisfaction, qu'il faillit tomber à la renverse. « Je vous l'avais bien dit, citoyens, qu'il y avait dans cette église plus d'infamies qu'ailleurs ! »

— La seconde observation, monsieur, vous concerne personnellement, et un sentiment de charité me fait un devoir de la signaler à toute votre attention. Je vous préviens que plusieurs de ces cadavres appartiennent à d'illustres familles d'Espagne, d'Italie, d'Angleterre, d'Amérique, et que si on avait le malheur d'y toucher, c'est à ces puissances étrangères, et non plus à moi, que la Commune aurait affaire.

A la place de mon interlocuteur, j'aurais essayé de dissimuler mon embarras en révoquant en doute cette assertion, en demandant au moins à m'assurer de la réalité du fait. Quant à lui, il n'éprouva pas la moindre gêne : il étendit sa main d'un air triomphant, et comme si c'était moi qui me proposais de violer les tombes, il s'écria de sa voix la plus vibrante : « Oui, oui, la Commune saura protéger ces corps-là, elle saura les protéger ! »

Après cet incroyable prodige de niaiserie et d'incohérence, on peut tirer l'échelle. Je demande seulement pardon de mentionner une des réflexions morales que m'avait faites au début de cette scène un des émissaires de la Commune. J'avais, à l'occasion de mon ministère sacerdotal, prononcé le nom de Dieu. « Taisez-vous, me dit-il en agitant son revolver. Si Dieu existait et qu'il descendit ici, c'est d'abord lui que je fusillerais ! »

Il était cinq heures et demie. La situation n'était plus aussi tendue. Ces hommes d'abord si farouches me traitaient avec prévenance ; le plus brutal avait presque honte de m'avoir outragé. Je pouvais recommander aux gardes nationaux préposés à la garde de la Madeleine de n'y laisser rien prendre ou dégrader. Je demandai encore que les fidèles employés de l'église pussent librement rentrer chez eux. Le délégué chargé de m'arrêter ne pouvait plus s'étourdir ; il était devenu presque affable. Je ne prononcerai pas son nom ; il a assez déshonoré par ses méfaits la respectable famille qui lui avait donné le jour. Une semaine après, par une coïncidence qui mérite d'être notée, il dirigeait, de l'église de la Madeleine, le combat livré sur le boulevard Malesherbes. Trompé sur la durée de la résistance, il se voyait cerné, avec deux de ses agents, par les troupes de Versailles, cherchait un abri dans les caves de l'église et y recevait d'un officier de la ligne un coup de revolver qui lui fracassait le crâne. Cet enfant prodigue s'était endurci dans le mal ; incapable d'un sentiment de repentir, il s'était rendu indigne du pardon et de la miséricorde.

A six heures un quart, j'arrivai à la Préfecture de police, accompagné par un capitaine d'état-major de la Commune. J'étais encore peu préoccupé de ma situation ; mais lorsqu'on m'annonça que j'allais immédiatement comparaître devant le préfet de police, le citoyen Ferré, qui m'avait été signalé par les hommes les plus clairvoyants comme le Robespierre de la situation, je compris que mon cas était des plus graves, et qu'ayant peu de chose à espérer des hommes, il fallait me mettre sans délai sous la garde de Dieu.

II

LA PRÉFECTURE DE POLICE ET MAZAS.

Il n'est pas facile de décrire le singulier spectacle qu'offrait la Préfecture de police. Cet établissement si calme, si discipliné, si triste, était devenu plus bruyant et plus pittoresque qu'un champ de foire. A l'encontre de ce qui s'y passe dans les temps ordinaires, c'étaient les malfaiteurs et les bandits qui arrêtaient et incarcéraient; c'étaient les hommes d'ordre et de devoir qui étaient arrêtés et incarcérés.

L'entrée en était gardée par une cohue de gardes nationaux qui cessaient de boire et de fumer pour rire des malheureuses victimes des haines du Comité de salut public qu'on amenait en grand nombre. J'avais vu, à la Madeleine, le délégué qui avait procédé à mon arrestation donner au capitaine d'état-major chargé de me conduire une pièce de cinq francs pour payer les frais de la voiture. Ce galant homme trouva plus convenable de se décharger de ce soin sur son prisonnier, et de garder pour lui les cinq francs. Je payai cette contribution de guerre avec une joie secrète. Semblable au misanthrope de Molière, je me sentais presque heureux de voir les maîtres de Paris se démasquer en associant à toutes les violences toutes les vilenies. Il m'était agréable de constater, à mes dépens, qu'un capitaine d'état-major de la Commune, l'ami de Ferré et de Raoul Rigault, l'homme de confiance du Comité de salut public, l'un des grands dignitaires de la Préfecture de police, commettait un vol avec un sans-façon dont n'auraient pas été capables les larrons et les filous qui rôdent, à une heure du matin, dans les quartiers les plus mal famés des barrières.

Après trois quarts d'heure d'attente, je fus introduit devant le citoyen Ferré, le membre de la Commune délégué à l'ex-Préfecture de police, ce qui signifie, en langue vulgaire, préfet de police. Il paraissait avoir de vingt-six à trente ans. Ce n'était plus l'étudiant de dixième année et l'écrivain burlesque des petits journaux du quartier latin, qui laissait éclater sa joie les rares jours où les produits de sa plume lui permettaient d'aller faire une orgie dans les bals publics du carrefour de l'Observatoire. Il avait échangé ses habits râpés contre une mise des plus élégantes, son feutre pointu contre une toque à paillettes d'or. Nonchalamment assis sur un superbe fauteuil, dans le luxueux cabinet où avaient travaillé les Delessert, les Maupas et les Pietri, il donnait des ordres à ses subalternes avec une solennité et une suffisance de pacha. Je me trompe : les grands pachas que j'avais contemplés dans mon voyage d'Orient n'auraient été, à ses côtés, que de petits seigneurs ; il réalisait avec une admirable précision l'idée fantastique que je me faisais des mandarins chinois de première classe.

Après lui avoir fait une révérence qu'il ne trouva pas sans doute proportionnée à sa dignité, je lui demandai, en termes très-convenables et même assez humbles, la faveur de comparaître le plus promptement possible devant le juge d'instruction. Il m'interrompit d'un ton sec et hautain. « Taisez-vous, citoyen, vous êtes ici pour m'écouter et non pour me parler ! »

Jamais je ne m'étais senti aussi froissé et humilié ; il est vrai que je me trouvais devant l'insolence en personne. Je tirai aussitôt de ma poche un numéro du *Journal officiel* de la Commune que je gardais avec soin depuis trois jours, il contenait un récent décret en vertu duquel tout individu arrêté devait, dans les vingt-quatre heures, comparaître devant le juge d'instruction ou être rendu à la liberté.

— Je voulais d'abord, monsieur, lui répondis-je avec fermeté, solliciter une faveur ; maintenant, c'est un droit que je réclame. En vertu du décret de la Commune dont je vais vous donner lecture, je demande à comparaître dans les vingt-quatre heures devant un juge d'instruction.

Ce mandarin outrecuidant haussa les épaules et laissa échapper un sourire qui me disait en termes fort clairs : « Voilà un niais, un imbécile qui croit encore aux décrets de la Commune ! »

— Capitaine, conduisez ce citoyen en prison.

Ce fut toute sa réponse. Le mercredi 24 mai, à sept heures et demie du soir, je remarquai, à travers les barreaux de ma cellule, mon mandarin, transformé en tigre avide de sang, traverser les cours de la Roquette et donner l'ordre de faire immédiatement fusiller Mgr l'archevêque de Paris, M. Bonjean, M. Deguerry et leurs trois compagnons[1].

La situation se révélait sous des horizons sombres que je n'avais point prévus. Je constatais que j'étais arrêté comme otage de la dernière heure, à la merci d'une bande de coquins que l'approche de l'armée de Versailles exaspérait jusqu'au délire. Je ne perdis point courage, je cherchai à faire contre mauvaise fortune bon cœur. Convaincu par l'exemple du capitaine d'état-major qui m'avait volé cinq francs, qu'il me restait un moyen d'adoucir mon sort, je plaçai

---

[1] Voici en quels termes le *Droit* annonce l'arrestation de Ferré, opérée seulement dans la seconde quinzaine de juillet :

« L'ami, le séide de Raoul Rigault, l'homme qui a fait exécuter le massacre des otages, qui a présidé à l'assassinat de l'archevêque de Paris, du président Bonjean et d'autres victimes à jamais regrettables de l'insurrection, Théophile Ferré, est entre les mains de la justice.

« Ferré est un ancien clerc d'agent d'affaires. Il y a trois ans, lors de la manifestation Baudin, au milieu du recueillement et de la douleur muette des assistants, on entendit tout à coup pousser des cris :

« Vive la République ! la Convention aux Tuileries ! la Raison à Notre-Dame ! »

« Au domicile de Ferré, on a saisi un grand nombre de papiers relatifs aux douloureux événements qui se sont accomplis en dernier lieu, et notamment l'autographe signé du fameux incendiaire, ainsi conçu :

« Faites flamber le ministère des finances et rejoignez-nous. »

Le *Moniteur universel* ajoute ces détails sur le délégué à la sûreté générale :

« La figure de Ferré ressemble à un oiseau de proie, et il en a tous les instincts.

« Ferré était sans convictions politiques sérieuses, il avait tenu à être à la préfecture de police pour satisfaire ses instincts sanguinaires ; là il était dans son élément.

« La cause de Ferré sera probablement l'une des plus intéressantes, et l'instruction commencée promet des révélations qui démontreront qu'entre tous les membres de la Commune il a été le plus féroce. »

désormais toute ma confiance dans l'infinie miséricorde de Dieu, sans oublier une abondante distribution de pièces de cent sous. J'en glissai aussitôt deux dans les mains de mon geôlier, qui m'accabla de saluts et voulut me donner, à sa façon, un témoignage exceptionnel de reconnaissance en me renfermant dans la cellule qu'avait occupée M. Deguerry. Je l'informai que, manquant de tout, je devais absolument écrire le soir même à mes amis ; je le priai en outre de ne pas faire passer ma lettre par le greffe. Comme il m'objectait que la chose était impossible, je lui répondis que je manquais d'argent et que si on ne m'en envoyait pas à l'instant même, je ne pourrais plus, selon mon habitude, reconnaître les bons services des « honnêtes gens » à qui j'avais affaire. Devant cette observation, ce qui était impossible fut fait à l'instant.

J'écrivis au presbytère de la Madeleine une lettre où je réclamais de l'argent et quelques effets ; puis, chose pour moi très-importante et que je voulais soustraire à l'attention du greffe, j'ajoutais qu'on ne parlât à personne de mon arrestation, qu'on ne m'écrivît pas une seule ligne, qu'on ne tentât surtout aucune démarche en ma faveur. Passer inaperçu et confondu dans la foule des prisonniers était ma seule chance de salut. Je me montrai jusqu'à la fin fidèle à ce programme.

N'ayant rien pris depuis dix heures du matin, je demandai un peu de nourriture. On me répondit qu'il était trop tard, que le dîner avait été servi à cinq heures, et que les règlements ne permettaient plus de rien apporter. Le même accident se renouvela plusieurs fois. Grâce à d'autres obstacles, je ne fus pas plus heureux pour mon sommeil que pour ma nourriture. Je constate donc, pour l'édification des observateurs qui veulent se faire une idée du régime de la Commune, qu'au bout de dix jours de captivité, je rentrais au presbytère de la Madeleine, après avoir dîné deux fois et dormi deux heures et demie. Il est vrai que mes amis ne me dissimulèrent point que j'avais vieilli de dix ans. Mais, connaissant le ressort tout français de mon tempérament, je les consolai en leur assurant que dix jours de liberté suffiraient pour me rajeunir de dix années, et j'ai tenu parole.

Pendant la nuit, on amena sans cesse des prisonniers. Parmi eux se trouvaient quelques gardes nationaux de la Commune que leurs excès d'indiscipline et d'ivresse me donnaient pour compagnons de captivité. Ils faisaient un bruit d'enfer. Les uns criaient à tue-tête : Vive la République! Vive la Commune! Les autres se croyaient dans un club, prenaient tous ensemble la parole, et de leurs voix discordantes prêchaient l'abolition du capital, la mort des prêtres, l'émancipation de la femme, et les autres bienfaits de la révolution sociale.

Dans une des cellules voisines de la mienne, on avait enfermé, entre minuit et une heure, un officier des fédérés auquel de trop copieuses libations avaient donné une éloquence de Démosthène et une force d'Hercule. Ce patriote se croyait en face des Prussiens, et il en faisait un épouvantable carnage. « A ton tour, maintenant, sacripant de Bismark ! A toi, maintenant, scélérat de Guillaume ! Vous allez voir ce que c'est qu'un patriote et un républicain ! » Puis il se jetait sur la porte de sa cellule, qu'il frappait des pieds et des mains. Cette scène se continua jusqu'au lever du jour. L'héroïque vengeur de l'honneur français me fit oublier un moment la rare insolence de Ferré, et plus d'une fois j'accompagnai d'un éclat de rire sa mâle éloquence et ses glorieux faits d'armes. Je me savais gré à moi-même de conserver, au milieu des extravagances et des crimes de la Commune, un très-cuisant souvenir des écrasants et humiliants procédés de la Prusse.

Le samedi matin, j'écrivis à M. Moiré, juge d'instruction, une lettre motivée pour demander à être entendu dans la journée. A trois heures et demie, je reçus la réponse : c'était l'ordre de partir pour Mazas. Aucune illusion n'était plus possible. Les amis de la procédure devaient s'attendre à être fusillés sans formes ; le respect de la forme eût été sans doute une maigre consolation en tombant sous les balles des assassins ; mais il est bon d'observer que ce mode judiciaire est inconnu chez les cannibales eux-mêmes.

Dans ce convoi de prisonniers se trouvaient, entre autres ecclésiastiques, M. l'abbé Laurent Amodru, vicaire de Notre-Dame-des-Victoires, et M. l'abbé de Marsy, vicaire de Saint-Vincent-de-Paul. L'un et l'autre vinrent à moi et me témoignèrent une sympathie qui adoucissait déjà la sombre perspective de Mazas. M. de Marsy était plein d'entrain, et son cordial dévouement nous faisait encore plus de bien sous le rapport moral que matériel. Je ne devais plus me séparer de cœur de

M. l'abbé Amodru ; il redevenait mon voisin à la Roquette, et ses
fortifiants exemples plus encore que les précieux services religieux
qu'il me rendit dans cet infernal séjour, contribuèrent à me maintenir
à la hauteur des plus sinistres épreuves. Je veux lui donner un témoignage public de ma profonde gratitude.

Emportés dans une de ces voitures cellulaires dont la vue seule
inspire le dégoût et l'horreur, nous arrivions à Mazas, à cinq heures
et demie. On nous tint enfermés pendant près de deux heures dans
une espèce de cage grillée qui me faisait envier celles où l'on enferme
au Jardin des plantes les bêtes féroces. Quoique séparés les uns des
autres, nous pouvions cependant échanger quelques paroles. « C'est
une indignité, s'écriait un jeune garde national qui avait refusé de
servir la Commune, de nous enfermer ainsi comme des voleurs !
— Rassurez-vous, lui répondit un vieillard d'une voix fine et sympathique ; par le temps qui court, ce sont les honnêtes gens qu'on
met dedans et les voleurs qu'on met dehors[1]. »

[1] Il convient de savoir que les hommes n'étaient pas seuls exposés aux tracasseries
et aux arrestations.

Une des dames les plus distinguées et les plus charitables de la haute société parisienne, madame la comtesse de Barral, sans autre appui que ses vertus et son jeune
enfant, avait vu son domicile envahi par une cohue de sicaires qui voulaient absolument qu'elle leur livrât « les citoyens de l'ex-famille d'Orléans cachés chez elle. » Sa
rare énergie les empêcha de réaliser leurs menaces de dévastation et d'incarcération,
mais non d'établir autour de sa maison une garde sévère qui jeta l'effroi dans le
boulevard Haussmann. Ce n'est que grâce à un adroit stratagème d'un des employés
de la légation du Brésil qu'elle put échapper à la surveillance de ces bandits et
chercher, avec son enfant, un refuge à Versailles.

L'arrêté suivant du Comité de salut public, en date du 24 *floréal an* 79, donne
d'ailleurs une idée de la liberté et de la tranquillité qu'assurait la Commune aux
pauvres habitants de Paris :

« Tout citoyen devra être muni d'une carte d'identité contenant ses nom, pré-
noms, profession, âge et domicile...

« Tout citoyen trouvé non porteur de sa carte sera arrêté...

« L'exhibition de la carte d'identité pourra être requise par tout garde national. »

En même temps, comme si Paris était devenu le paradis de la paix et de la sécurité, la Commune faisait insérer, dans le *Journal officiel*, le fait suivant à la date
du 12 mai :

« Décidément l'Espagne est bien digne de sa réputation. Les choses en sont venues
à une telle extrémité que, désormais, il faudra marcher dans les rues, bourgs et

Épuisé de fatigue, je ne pouvais dans cette maudite cage ni m'asseoir, ni me coucher, ni manger, ni lire. Je comprends ces rigoureuses précautions pour les disciples de Cartouche, Troppmann et Dumolard. Est-ce qu'il y aurait eu un bien grand danger social à nous renfermer dans une salle où nous aurions eu un banc? J'appris plus tard que Mgr l'archevêque de Paris avait eu la même cérémonie préliminaire à subir et qu'elle l'avait presque réduit à l'agonie.

Lorsque mon tour de donner mon signalement au greffe fut arrivé, j'étais fort aigri et nullement disposé à dissimuler mon mécontentement. Je commençais d'ailleurs à observer qu'avec la plupart des émissaires de la Commune la douceur et la patience ne servaient qu'à aggraver notre mal, tandis qu'une vigoureuse protestation placée à temps nous obtenait quelques adoucissements. Le greffier chargé de prendre un long et minutieux signalement, me demanda mon nom :
— l'abbé Lamazou, vicaire de la Madeleine. — Je ne manquais jamais de bien articuler ce titre qui édifiait les uns, irritait les autres et prouvait à tous que par ma profession je n'appartenais pas nécessairement à la famille des inculpés de vol qualifié, de brigandage ou d'assassinat, pour laquelle on avait créé la prison de Mazas.

Entré dans l'intérieur de l'établissement, on m'indique une porte. Je croyais que c'était ma cellule, pas du tout ; c'était une salle de bains. Comme les vagabonds et les inculpés d'autres délits ne sont pas toujours un modèle de propreté et d'hygiène, je comprends qu'à leur entrée dans la prison on leur fasse prendre un bain. Je comprends même que lorsqu'on a mis la main sur un dangereux malfaiteur, on recoure à ce moyen facile de constater s'il ne cache pas dans ses habits une arme ou un papier compromettant. Lorsque le gardien m'ordonna de me déshabiller pour prendre un bain, je demeurai un moment interdit. La vue d'une baignoire malpropre et d'un torchon fumant qui venait d'essuyer peut-être le corps d'un immonde rôdeur de barrières me rendit toute mon énergie.

— Je ne prendrai pas de bain.

villages avec une mitrailleuse chargée dans la poche pour se protéger contre la multitude d'assassins qui, à toute heure, menacent la vie des citoyens. »

La Commune avait certainement oublié, ce jour-là, la comparaison biblique de la poutre et de la paille.

— Le règlement l'exige; il faut se soumettre au règlement.

— Je vous déclare une fois pour toutes que, dût-on me fusiller, je ne prendrai pas de bain.

— Eh bien, à votre place j'en ferais autant, me répondit le gardien du ton le plus amical. Je suis navré de tout ce qui se passe ici depuis quelque temps. Seulement, comme le directeur de la prison est un partisan acharné de la Commune et que, s'il connaissait votre résistance, il pourrait vous soumettre à des rigueurs extrêmes, je vais fermer la porte pendant quelques minutes et vous serez censé avoir pris votre bain.

Je lui adressai un affectueux remercîment. Quelques gardiens de l'ancienne administration étaient restés à Mazas et à la Roquette ; ils ne nous témoignèrent pas seulement d'affectueux égards, ils nous rendirent encore les plus précieux services. De toutes les marques de sympathie que j'ai reçues après ma délivrance, aucune ne m'a été plus au cœur que les lettres et les visites de mes anciens gardiens de Mazas et de la Roquette. Au nombre de ceux qui sont venus me voir, se trouvait le gardien de la salle des bains de Mazas. Il y avait donc au milieu des bandits de la Commune, qui déshonoraient l'espèce humaine, des hommes du peuple qui lui faisaient honneur par leur conscience, leur courage et leur dignité morale.

Bien que la journée touchât à sa fin, je n'étais pas au bout de mes tribulations. La cellule où l'on m'enferma me parut des plus suspectes. Elle était horriblement froide, et comme j'avais été arrêté avec un commencement de bronchite, elle pouvait entraîner une fluxion de poitrine. Elle était située au rez-de-chaussée en face de l'entrée du corps intérieur de la prison. Je savais que la populace pouvait envahir Mazas et y donner une seconde édition des journées de septembre. Je me trouvais alors un des premiers exposés. Enfin, et ceci était décisif, j'étais tombé dans les mains d'un gardien de la Commune qui, me voyant exténué, sans nourriture depuis le matin, n'eut d'autre preuve de sollicitude à me donner que de fouiller mes habits, mes livres et jusqu'à mon porte-monnaie.

Je demandai le lendemain matin à voir un des médecins de la maison. C'était le jour de service de M. le docteur de Beauvais que j'avais déjà vu à la Madeleine et dont le dévouement pour les otages ne connaissait point de bornes. Comme il était surveillé par les agents de la Commune, je fis semblant de ne pas le connaître. Je lui exposai les intolérables traitements dont j'avais été l'objet, le mauvais état de ma santé, l'impossibilité physique de rester dans ma cellule. J'ajoutai que je voulais simplement l'informer de ma situation, mais nullement réclamer une faveur.

Il me répondit qu'à raison de mon état de santé j'avais droit à un changement de cellule ; il m'en fit donner une au premier étage.

La vivacité de mon langage avait tellement ému l'infirmier et le pharmacien de la prison qu'ils s'empressèrent de venir me témoigner leur sympathie. Mon nouveau gardien était parfait. Malgré la sévérité du régime cellulaire, je pus, grâce à eux, avoir des nouvelles de M. Deguerry, de Mgr Darboy, de Mgr Surat et de M. Bayle, vicaire général de Paris, placé dans mon voisinage. Jusqu'ici je n'ai pu donner une idée de leurs épreuves et de celles des autres otages de la Commune qu'en parlant des miennes. Seulement la plupart étaient incarcérés depuis sept semaines, et je ne l'étais que depuis quatre jours.

La journée du dimanche fut relativement bonne. Le lundi matin je devinai, au son général du tocsin, que les troupes de Versailles avaient dû entrer à Paris. Le pharmacien et mes gardiens confirmèrent cette nouvelle. « Courage, me disaient-ils, peut-être dans quelques heures, demain au plus tard, vous serez libres. »

J'adressai à Dieu une prière de reconnaissance et saluai les premières lueurs du mardi comme de l'heureux jour de ma délivrance et de la délivrance de tous mes compagnons de captivité.

III

Un magnifique soleil éclairait la prison de Mazas. Nous allions donc rentrer à Paris, dont mille lieues semblaient nous séparer, bien que nous fussions dans son enceinte ; nous allions revoir ceux qui nous étaient chers, nous efforcer, dans la mesure de nos forces, de cicatriser les plaies morales et matérielles accumulées par le plus honteux et le plus odieux des régimes qui ait jamais pesé sur un peuple civilisé ! J'oubliais toutes mes fatigues, toutes mes tristesses, toutes mes angoisses pour renaître à l'espérance et à la vie. Je priais avec l'enthousiasme d'un exilé qui désespérait de revoir sa patrie et qu'un événement inattendu va rendre tout d'un coup aux siens.

A neuf heures trois quarts, la porte de ma cellule s'ouvre ; un gardien que je ne connaissais pas me donne l'ordre de préparer mes paquets et de descendre. La délivrance était donc plus prompte que je ne l'avais espéré. Tous mes effets sont emballés en quelques minutes. Je tire tout l'argent de ma bourse et n'y laisse que la somme nécessaire pour prendre un fiacre et laisser au cocher un large pourboire. J'étais trop heureux pour ne pas songer à faire autour de moi des heureux. En descendant, je distribue tout l'argent que je possède. On me renferme dans un des compartiments du parloir de la prison ; après quelques minutes, on me conduit devant le directeur qui me demande si j'ai quelque observation à faire. « Aucune, lui dis-je, si ce n'est que j'ignore encore pourquoi on m'a mené ici. »

Sa figure et celles des agents qui l'entouraient me semblaient bien farouches ; mais je savais que ces hommes avaient été placés à Mazas par l'insurrection et qu'ils ne devaient pas être bien satisfaits de voir Paris rendu à la France et à lui-même. Au fond, je pardonnais à tous le mal qui m'avait été fait. Une chose pourtant m'étonnait, c'est que je ne voyais descendre ni Mgr Darboy, ni M. Deguerry, ni le P. Olivaint, ni aucun des prêtres transportés avec moi de la Préfecture de police à Mazas. J'aperçois un gardien dont le visage m'était connu. Je lui demande où je pourrai attendre le curé de la Madeleine : Il me répond les larmes aux yeux : « Il est parti hier soir avec Mgr l'archevêque et plusieurs autres messieurs ! Que Dieu veille sur vous ! »

Je renonce à décrire l'impression que produisirent sur le plus heureux des hommes la mystéri use réponse et le visage consterné de mon gardien. Je l'interroge ; il disparaît dans un couloir. Qu'était-il arrivé à mes compagnons ? Que pouvait il m'arriver à moi-même ?... Je cherche à m'expliquer ce mystère ; mon esprit est frappé d'impuissance. Tout à coup un mot, un seul mot prononcé par je ne sais qui, je ne sais où, retentit à mon oreille comme un coup de foudre : La Roquette !... A cette voix venue du dehors répond instantanément cette voix intérieure : La Roquette, la prison des condamnés à mort !..

Il y avait dans cet effroyable coup de tonnerre, qui me précipitait dans un abîme mille fois plus horrible que celui dont je me croyais sorti, de quoi déconcerter une nature plus fortement trempée que la mienne. J'étais déconcerté, écrasé ; et cependant, après les poignantes douleurs et les énervantes perplexités qui m'accablaient depuis deux mois, j'avais du moins l'avantage d'être fixé sur mon sort ; ma conscience me rendait le consolant témoignage que j'étais victime de ma fidélité au devoir ; mon courage se fortifiait à la vue des nombreux et illustres captifs qui avaient souffert plus que moi et dont je n'aurais qu'à suivre les exemples pour mourir en prêtre et en Français. Je m'écriai avec le roi prophète : « C'est en vous, Seigneur, que je place mon espérance ; vous êtes mon Dieu ; mon sort est dans vos mains ! » Une élévation du cœur vers Dieu avait suffi pour me donner la fermeté et la sérénité de la résignation chrétienne.

Lorsqu'on me renferma dans les cages grillées situées au vestibule de Mazas, le gardien chargé de cette pénible opération me serra furtivement la main ; il m'apprit que l'archevêque de Paris, le curé de la Madeleine et la plupart des autres otages étaient partis pour la Roquette et que c'est là qu'on allait nous conduire nous-mêmes. Son serrement de main et la consternation de son visage furent plus éloquents que toutes les réflexions qu'il aurait pu me communiquer. Par un bonheur tout providentiel, je retrouvais, dans la cage voisine de la mienne, M. l'abbé Amodru ; nos impressions étaient les mêmes ; grâce aux signes dont nous étions convenus à notre sortie de la Préfecture de police il nous fut possible de nous donner une absolution. Il faut se trouver en face de la mort pour comprendre le néant des choses humaines ; on n'éprouve plus aucune difficulté à prier, à se repentir, à pardonner aux hommes et à se confier tout entier à la miséricorde de Dieu. .

Peu à peu les cages s'ouvraient et se refermaient avec un bruit lugubre ; je me trouvais au milieu des otages qui allaient être dirigés sur la Roquette. Je fus surpris d'en voir plusieurs qui se faisaient une illusion complète sur notre situation. Quelques-uns croyaient encore qu'on allait nous rendre à la liberté ; d'autres ne semblaient nullement comprendre la portée de notre départ pour la Roquette. Le moment n'était pas encore venu de les éclairer ; je me promis cependant de leur ouvrir plus tard les yeux sur la triste réalité des choses. En face d'une mort que je jugeais certaine, je crus plus opportun et surtout plus chrétien de modifier mon attitude. Jusque-là j'avais opposé aux agents de la Commune une attitude énergique, il m'était quelquefois arrivé de leur parler avec indignation ; mon parti fut vite pris de parler peu, de prier beaucoup, d'encourager ceux de mes compagnons qui pourraient en avoir besoin et de m'armer, à l'égard de nos persécuteurs, de patience et de mansuétude.

Le jeune et charitable pharmacien de la prison, qui était si heureux la veille de nous annoncer notre prochaine délivrance, s'était placé dans un coin du vestibule pour nous donner un dernier gage de sa douloureuse sympathie. Dans un moment où un seul sourire compatissant pouvait avoir le caractère d'une trahison et d'un crime, cette marque de sympathie était plus qu'une bonne action, c'était un acte de courage. Huit jours après, un jeune homme agenouillé auprès du corps de M. Deguerry, dans la chapelle basse de la Madeleine,

m'arrêtait pour m'exprimer sa joie et sa douleur : c'était le pharmacien de Mazas.

Une énorme charrette, entourée de gardes nationaux en armes,
nous attendait à la première cour. Je me rappelai aussitôt les char-
rettes qui durant les jours de la Terreur conduisaient à la mort les
victimes du Comité de salut public. Nous allions, en outre, prendre
la même direction, celle de la barrière du Trône. Ces coïncidences
ne pouvaient échapper à aucun de ceux qui connaissaient notre histoire révolutionnaire. Une quinzaine de prisonniers, parmi lesquels
je remarquai M. Chevriaux, le proviseur du lycée de Vanves, qui
portait bravement son ruban de la Légion d'honneur, le P. Bazin,
M. Bacuès, directeur de Saint-Sulpice, un honnête ouvrier et quelques gardes nationaux coupables de n'avoir pas sacrifié à l'idole du
jour montèrent sur la charrette. La plupart étaient ecclésiastiques.

On nous apprit que si nous n'étions point partis la veille au soir
pour la Roquette à la suite du premier convoi des otages, c'est qu'on
avait manqué d'une troisième voiture de déménagement. Mgr Darboy, M. Deguerry, Mgr Surat et M. Bonjean avaient beaucoup souffert à Mazas ; les longues rigueurs du régime cellulaire avaient particulièrement ébranlé la santé de Mgr l'archevêque, on avait même
été forcé, quelques heures avant son départ pour la Roquette, de lui
appliquer des vésicatoires ; mais tous se montraient, par leur fermeté et leur patience, supérieurs à la mauvaise fortune.

A la vue de M. Perny et de M. Houillon, missionnaires apostoli-
ques en Chine, que la Commune avait stupidement arrêtés à leur
passage à Paris, M. Deguerry disait à Mgr Darboy : « Voyez donc ces
deux Orientaux qui viennent chercher le martyre à Paris ! Nest-ce pas
curieux ? » Durant leur trajet, ils avaient eu à subir les menaces et
les outrages d'une populace en délire. Des hommes en blouse, des
enfants déguenillés, des femmes ou plutôt des furies voulaient arrêter
et envahir les véhicules : « A bas les chouans et les calotins ! n'allez
pas plus loin ! nous voulons ici-même les couper en morceaux ! »

C'était révoltant, monstrueux, et cependant quelque chose de plus
hideux encore nous était réservé. Nous fûmes insultés, à notre tour,
non par la multitude, mais par les gardes nationaux chargés de
nous conduire. Je m'expliquais l'odieuse attitude d'une cohue sur-

excitée et égarée par tous les mauvais instincts, toutes les prédications démagogiques ; mais se voir lâchement menacé et outragé par la force armée qui avait reçu la mission officielle de nous escorter au lieu de notre supplice, cela ne s'était jamais vu, cela n'était pas possible. Je n'avais point soupçonné dans la nature humaine un tel degré de cynisme ; je me sentais encore plus humilié qu'indigné. « Ah ! citoyen, nous disait l'un de ces tigres armés d'un képi et d'un chassepot, vous comptiez sur l'arrivée des assassins de Versailles ! Eh bien, ce matin, à la porte d'Auteuil, nous les avons coupés avec nos mitrailleuses ; vingt mille prisonniers sont dans nos mains ; les chouans et leurs complices auront le sort qu'ils méritent. » Un ecclésiastique du faubourg Saint-Antoine que les épreuves avaient aigri voulut prendre parti pour l'armée de Versailles. J'essayai de lui faire entendre que la réserve et le silence étaient le parti le plus sûr et surtout le plus digne.

Je demandai au garde national placé à ma droite quel était son quartier. Il me répondit qu'il appartenait au bataillon de Charonne. Il était donc de plus en plus manifeste que l'ancienne banlieue de Paris dominait et terrorisait Paris. Ce n'étaient plus les quartiers Saint-Martin, Saint-Antoine, Saint-Marceau qui étaient les vrais maîtres de la grande cité ; c'étaient les citoyens de Belleville, Montmartre, la Villette, Ménilmontant, Charonne et Montrouge, c'est-à-dire de ces localités qui quelques années auparavant ne faisaient point partie de Paris, avaient des municipalités et des intérêts matériels distincts de Paris, avaient opposé la plus vigoureuse résistance à leur annexion à Paris. Mais le chef du second empire voulait se donner le faste de régner dans une capitale de deux millions d'habitants ; on avait donc violemment annexé à Paris les grands centres populaires de la banlieue. Il voulait éclipser Babylone et l'ancienne Rome ; il lui fallait pour parcourir sa capitale ouvrir d'innombrables boulevards bordés de somptueuses habitations ; il lui fallait pour aller respirer l'air frais du bois de Boulogne, traverser d'immenses avenues et les peupler de tous les riches oisifs du monde : on avait donc appelé des quatre coins de l'horizon de nouvelles légions d'ouvriers qui se concentraient comme une armée rangée en bataille dans la zone annexée.

Humble journaliste, j'avais signalé comme un gros danger social la tendance de l'empire à séparer Paris en deux parties, l'une peuplée par l'aristocratie et la bourgeoisie, l'autre par les ouvriers, les déclassés et les mécontents du monde entier. On récompensait mes critiques et mes chagrines prévisions sur ce funeste parquement par les remontrances officieuses, les visites domiciliaires, les saisies des papiers. La direction de l'empire avait donc été fatale à la France, au point de vue politique, puisque la compression n'avait servi qu'à abâtardir les caractères et à organiser toutes les conspirations sociales ; au point de vue religieux, puisque les événements de Rome, fruit d'une politique aventurière et hypocrite, jetaient la perturbation dans les consciences catholiques et que le clergé, si respecté en 1848, était l'objet de préjugés et de haines dont on recueillait en ce moment le fruit amer ; au point de vue militaire, puisque la France était lacérée, épuisée, humiliée par l'étranger.

Je le déclare pour l'honneur politique des hommes éminents dont j'avais suivi l'opposition à l'empire : Au moment où je me croyais à la veille de mourir dans un coin de prison et de rendre au Juge suprême un compte sévère de mes actes, loin de regretter une attitude que quelques-uns de mes amis et supérieurs ecclésiastiques avaient blâmée et traitée de « passion politique, » tout en France, tout à Paris, tout à Mazas et à la Roquette me certifiait que je n'avais point fait fausse route, que j'avais au contraire servi la cause de la religion et de la patrie[1].

Arrivés à la Roquette, comme il n'y avait point d'échelle pour des-

---

[1] Une des raisons que m'avait données le délégué du Comité de salut public pour motiver mon arrestation, c'est que j'étais un « infâme bonapartiste. » Tel était depuis plusieurs années le mot d'ordre de la démagogie contre le clergé.

Le 4 septembre je me trouvais, à deux heures, près du pont de la Concorde avec un de mes confrères les plus distingués et les moins favorables au régime impérial, M. l'abbé Hurel. Nous suivions avec émotion les péripéties d'une révolution qu'on a crue tout à fait spontanée, et qui avait été prévue et combinée dans ses moindres détails par les agents de la république radicale avec une étonnante habileté. Tout à coup un des officiers de la garde nationale de Belleville quitte les rangs et nous crie avec une exaspération d'énergumène : « A la Seine les souteneurs de Bonaparte ! » Peu s'en fallut que son projet ne fût suivi d'une exécution sommaire.

Il est évident que, pour ameuter la populace de Paris contre le clergé, on avait fini par la convaincre qu'il y avait une étroite solidarité entre l'église et l'empire.

cendre de notre charrette, les gardes nationaux qui ne nous avaient
point insultés aidaient les laïques à descendre ; mais lorsque c'était
le tour d'un prêtre, ils lui refusaient ce service. On nous renferma
pendant plus d'une heure et demie dans une salle étroite où nous
pouvions à peine tenir. Il y avait près de cinq heures que nous avions
quitté nos cellules de Mazas. Quelques prêtres âgés, — qu'on nous
pardonne ce détail vulgaire, mais caractéristique, sur les souffrances
de tout genre qui nous poursuivaient, — demandèrent à être conduits dans un lieu retiré. Après les avoir longtemps fait attendre, on
plaça au milieu de la salle un repoussant baquet. Pendant tout notre
séjour à la Roquette, cent militaires, dix ecclésiastiques et quelques
gardes nationaux ne connurent en fait d'endroit que dans la langue
anglaise et allemande on appelle par un pudique euphémisme « lieu
fermé, lieu retiré, » qu'un instrument du même genre, placé au milieu d'une salle infecte du troisième étage. J'en étais venu à remer-
cier la Providence d'un pénible échauffement d'entrailles provoqué
par l'absence d'exercice, de nourriture et de sommeil.

Le temps passé dans ce vestibule ne fut point perdu. On apprit à
bien se connaître et à bien s'encourager. A l'école du malheur, les
hommes deviennent facilement communicatifs, et ne tiennent plus
compte de la différence d'âge et de condition sociale. Ceux qui ne
croyaient pas à un imminent danger furent désabusés. Ajoutons,
pour montrer combien l'espérance est profondément gravée dans le
cœur de l'homme, que les plus pessimistes subissaient facilement
l'influence des optimistes. Personne ne manquait de fermeté et de
patience.

A la fin, la porte du vestibule s'ouvrit, et un citoyen aux pantalons rouges, à la ceinture rouge, à la cravate rouge, fit l'appel des
prisonniers. C'était le citoyen François, directeur de la Roquette.
Ceux qui connaissent l'histoire de Paris savent qu'à la fin de l'empire le poste des sapeurs-pompiers de la Villette avait été pris d'assaut
par une poignée de révolutionnaires, qui tuèrent quelques sapeurs-
pompiers. Les coryphées de l'insurrection n'étaient autres que le *général* Eudes, membre de la Commune, et le citoyen François, gardien
de la Roquette. Le citoyen directeur de Mazas avait encore plus de

titres à la confiance de la Commune. On voit que les otages étaient
bien gardés.

La Grande-Roquette, ainsi appelée par opposition à la Petite-Ro-
quette, située en face, et où l'on renferme les jeunes détenus, est la
prison des condamnés à mort et aux travaux forcés. Elle se divise en
deux parties distinctes : le bâtiment de l'est et le bâtiment de
l'ouest. Séparés par une grande cour intérieure, ils sont unis du
côté de la rue par un troisième corps de bâtiment au bas duquel se
trouve le greffe, et du côté opposé, par une assez vaste chapelle qui
était naturellement fermée et dépouillée de tous les emblèmes exté-
rieurs qu'on avait pu abattre.

Une partie des prisonniers fut renfermée dans le premier étage du
bâtiment de l'ouest, déjà occupé par les otages arrivés la veille. Le
second et le troisième étage étaient occupés par les condamnés de
la Cour d'assises de la Seine.

L'autre partie — j'étais du nombre — fut renfermée au troisième
étage du bâtiment de l'est. Le premier étage était occupé par une
quarantaine de gardes de Paris, prisonniers de la Commune ; le second étage, par un nombre un peu plus grand de sergents de ville
qui se trouvaient à Montmartre dans l'affaire du 18 mars. Par suite
de la défection d'une partie de la ligne, ils tombèrent au pouvoir des
insurgés. Dans cet étage se trouvaient en outre une douzaine d'artilleurs également faits prisonniers. Le troisième étage, où je fus conduit avec sept ecclésiastiques et trois laïques, était déjà occupé par
une centaine de soldats, dont les uns, de passage à Paris au moment
de la proclamation de la Commune, avaient refusé de servir ce régime, et dont les autres avaient été faits prisonniers dans les enga-
gements entre les insurgés et l'armée régulière. La nuit suivante,
trois vicaires de Belleville et de Saint-Ambroise y furent renfermés
avec nous.

Les cellules de la Roquette sont d'une rare simplicité. Elles ont
1 mètre et quelques centimètres de largeur environ, 2 mètres 1/2
de longueur. Pas de chaise, pas de table ; tout le mobilier se réduit à
un lit de fer. La propreté est la qualité qu'on y remarque le moins.
On sentait qu'il était passé par là quelques générations de criminels

qui n'avaient rien fait pour rendre le séjour de leurs cellules agréable. Ce n'était pas tout. La première nuit, je m'aperçus qu'il fallait compter sur la cohabitation de deux espèces d'insectes dont je n'ose prononcer les noms. Lorsque, dans les pays chauds de l'Orient et les villes du sud de l'Espagne, je me sentais aux prises avec ces ennemis nocturnes, j'avais du moins la consolation d'allumer ma bougie, de me plaindre le lendemain à l'hôtesse, de changer d'appartement ou d'hôtellerie. A la Roquette, rien de tout cela n'était possible. Ne pouvant m'asseoir sur une chaise, je me bornai à m'asseoir sur mon lit.

Il faut pourtant signaler à la Roquette un avantage dont on est privé à Mazas : le système cellulaire n'y est point en vigueur ; les détenus peuvent, à certains moments de la journée, se voir dans une des cours ou dans les couloirs de l'étage qu'ils occupent. Chaque fenêtre éclaire deux cellules séparées entre elles par une forte cloison ; mais entre la cloison et les barreaux de la fenêtre commune aux deux cellules, on a laissé un espace vide à travers lequel on peut parler et même faire passer un livre. Je pouvais ainsi échanger quelques pieuses pensées et quelques fortifiantes résolutions avec mon voisin, M. l'abbé Amodru. Pendant le jour, nous parlions de Dieu, de la mort, de l'éternité, des services à rendre à nos compagnons ; pendant la nuit, nous contemplions avec horreur les lugubres incendies qui semblaient dévorer tout Paris.

Le soir même de notre arrivée, une batterie de sept grosses pièces de marine, établie au Père-Lachaise, commença à lancer des obus et des bombes à pétrole sur les différents quartiers de Paris. Comme elle n'était placée qu'à quelques mètres de notre prison, elle ébranlait nos cellules, déchirait nos oreilles par l'effroyable détonation des pièces, le sifflement strident des projectiles qui passaient au-dessus de nos têtes. Cette batterie ne cessa de vomir l'incendie jusqu'au samedi suivant, 27 mai, trois heures et demie, moment où l'armée régulière s'empara du cimetière. Quelques jours avant mon arrestation, le citoyen Delescluze déclarait, dans une proclamation peu remarquée, que les misérables avocats du gouvernement du 4 septembre, prêts en paroles à se défendre contre les Prussiens, derrière les forts, les remparts, les barricades, leur avaient tout livré ; mais

que les hommes de la Commune sauraient se montrer fidèles à leur
plan de défense contre les royalistes : « après les remparts, les barricades ; après les barricades, les maisons ; après les maisons, le feu et
la mine. » Ce grand criminel devait tenir parole.

On nous permit encore, le mercredi matin, de communiquer ensemble. Seulement le directeur avait donné des ordres sévères pour
qu'il n'y eût aucun rapport possible entre les soldats et nous. Lorsqu'on ne faisait point descendre les soldats dans une des cours de la
prison, nous restions enfermés dans nos cellules.

J'avais remarqué dans une des fenêtres du premier étage des bâtiments de l'ouest M. l'abbé Bayle, un des vicaires généraux de
Mgr Darboy. Il ne tarda pas à me reconnaître, et m'apprit par quelques signes intelligents que les otages auraient à midi une récréation commune dans une des cours de la prison, et que M. Deguerry
serait très-heureux de me voir et de me demander des nouvelles de
la paroisse de la Madeleine.

A midi, nos gardiens nous donnèrent l'ordre de descendre. Je ressentis une douce émotion à la pensée que j'allais revoir mon archevêque, mon curé, mes vicaires généraux, quelques-uns des amis que
je comptais dans le clergé et les ordres religieux de Paris. Je me plaçai en face de la porte par où ils devaient sortir du bâtiment de
l'ouest. Mgr l'archevêque parut le premier. Il était à peine recon-
naissable ; les privations et les souffrances avaient exercé d'affreux
ravages sur cette nature frêle et délicate. Il fut immédiatement entouré des prêtres qui occupaient avec moi les bâtiments de l'est ; les
laïques ne furent pas les moins empressés à lui exprimer leurs res-
pectueuses sympathies. Pendant qu'il m'adressait une amicale
parole et que je lui baisais la main, M. Deguerry entrait dans la
cour.

J'étais depuis dix ans un de ses vicaires à la Madeleine. Lui connaissant un grand besoin d'activité et une certaine impressionnabilité
de caractère, je m'attendais, après deux mois de captivité dans une
prison cellulaire, à le trouver affaibli, découragé et malade. Il n'en
était heureusement rien ; son visage était coloré et vigoureux, sa conversation pleine d'entrain et de gaieté. Malgré ses soixante-quatorze
ans, il se tenait aussi droit que jamais. Il avait eu, comme Mgr l'ar-

chevêque, beaucoup à souffrir; mais les privations et les épreuves n'avaient pu entamer cette puissante constitution.

Si j'excepte un quart d'heure que je consacrai à voir Mgr Surat, le P. Olivaint, M. Bayle, M. Petit, secrétaire général de l'archevêché, M. Moléon, curé de Saint-Séverin, et quelques autres confrères, je passai tout le temps de la récréation avec M. Deguerry. Il me demanda des nouvelles de son clergé et de sa paroisse. La fermeture de la Madeleine lui causa un vif chagrin; mais la nouvelle qu'on n'avait rien brisé, rien dégradé, lui rendit sa bonne humeur. Il me parla peu des procédés humiliants de Raoul Rigault, des ennuis et des souffrances de son long séjour dans sa cellule de Mazas. Non-seulement il n'avait conservé aucune amertume dans le cœur, mais il voulait « consacrer les *quelques années qui lui restaient encore à vivre* à faire le plus de bien possible à ceux qui persécutaient la religion et le clergé, à élever le ministère de la charité et de la parole à la hauteur des besoins exceptionnels de Paris, à montrer qu'en dehors de Jésus-Christ et de sa sainte doctrine, il n'y a pour les peuples, comme pour les individus, qu'illusions, déceptions, ruines matérielles et morales. »

Je cite ces paroles pour constater que M. Deguerry n'avait aucune crainte grave sur sa situation. Ils savaient, Mgr l'archevêque et lui, qu'on avait agité dans les conseils de la Commune la mort des otages; mais ils étaient convaincus que ces menaces ne recevraient point d'exécution. Sur quels motifs s'appuyait cette assurance? Leur avait-on fait une promesse certaine? Ignoraient-ils les orgies révolutionnaires de Paris et les haines bestiales de ses tyrans? Pensaient-ils que, n'ayant rien à se reprocher, l'idée ne pouvait venir à aucun être humain de les faire mettre à mort? Je cherchais vainement à m'expliquer cette confiance, lorsque Mgr Darboy vint se joindre à nous.

Si sa santé était compromise, son corps affaissé, il avait conservé sa merveilleuse lucidité et sagacité d'esprit. Il n'y avait pas seulement de l'élévation et de la fermeté dans ses jugements sur les événements et les hommes du jour, mais encore une finesse voisine de la causticité. Le sentiment de sa dignité ecclésiastique et de sa valeur intellectuelle lui suggérait des observations pleines de verve et d'actualité sur les incroyables humiliations qu'avaient voulu lui infliger Raoul Rigault et d'autres héros de club ou d'estaminet, qui croyaient grandir à leurs yeux et acquérir des droits à l'admiration de la postérité par leurs inepties et leurs impertinences. Il déplorait amèrement l'affaiblissement des idées de respect et d'autorité, et pensait que, sans un sérieux retour à ces idées, Paris et la France ne se relèveraient point de leurs malheurs.

A l'appui de ces observations, Mgr Darboy nous rappela la conclusion d'une de ses dernières lettres pastorales, où il prédisait que si la société persistait à méconnaître les lois providentielles de l'Évangile et à se soustraire aux principes de l'ordre religieux et moral, elle s'exposait à de terribles ébranlements.

Je lui rappelai, de mon côté, qu'un journal démocratique n'avait pas craint de blâmer ce langage, comme empreint d'exagération, tant on voulait placer Paris en dehors de toute croyance et pratique religieuse. Mgr l'archevêque connaissait l'article en question, et parut content de l'entendre citer.

Mgr l'archevêque savait que j'avais été seulement arrêté la semaine précédente; il n'ignorait pas qu'à raison de mes anciennes fonctions j'avais de fréquents rapports avec le monde politique. Après m'avoir interrogé sur la situation religieuse et paroissiale de Paris, après s'être informé de l'état de Mgr Buquet qui, malgré son grand âge et sa notoriété, était vaillamment resté à Paris, rendant des services d'un caractère tout providentiel à l'administration diocésaine dont il était le seul membre libre depuis l'arrestation et l'incarcération de M. Jourdan à la Conciergerie, de M. Icard à la prison de la Santé, Mgr Darboy ajouta, d'un ton qui excluait toute préoccupation personnelle :

— Que pense-t-on de la situation et du sort des otages dans le monde politique de Paris?

— Grâce à la confiance qu'inspire la Commune aux honnêtes gens, monseigneur, ils prennent chaque jour la fuite avec un empressement irrésistible. Au moment où le Comité de salut public est venu me prouver que j'avais tort de ne pas marcher sur leurs traces, je ne connaissais plus à Paris que quatre personnes avec lesquelles je pouvais très-rarement causer des événements du jour;

M. L..., secrétaire général du Crédit foncier; M. G..., ancien député de Seine-et-Marne; M. le comte de L..., ancien officier; M. G..., président du Conseil de fabrique de Saint-Eustache, un moment incarcéré, à l'âge de quatre-vingt-quatre ans, parce qu'on avait trouvé chez lui des bons de pain et de viande qu'il avait l'audace de distribuer aux pauvres du quartier des Halles. Si vous voulez donc connaître les impressions du monde politique et diplomatique présent à Paris, c'est à peu près aux miennes qu'il faut recourir, et je me demande si ce modeste régal sera bien digne de l'appétit de monseigneur.

— Je m'aperçois, dit en souriant Mgr Darboy, que la Commune n'a pas encore eu le temps de vous troubler l'esprit. J'attends la réponse à mes questions.

— Le monde intelligent et honnête, monseigneur, réprouve votre arrestation et celle des autres otages. Il n'y avait que les Prussiens et la Commune capables de ressusciter cette barbare coutume. On m'a assuré que quelques représentants des puissances étrangères ont fait des démarches pour éloigner de vous tout danger, et que le gouvernement de Versailles, dans l'impossibilité d'intervenir directement, se fait sans doute un devoir d'encourager ces démarches[1].

— J'en ai eu connaissance, ajouta avec une satisfaction marquée Mgr l'archevêque; c'est sans doute sous cette pression diplo-

---

[1] Dans son numéro du 9 avril, le *Journal officiel* de la Commune s'exprimait ainsi au sujet des otages :

« Les journaux hostiles à la Commune s'élèvent avec une feinte indignation et une violence inouïe contre le décret préservateur sur les otages. Mais ils ne disent rien de la loi de M. Dufaure, le grand justicier de Versailles, loi qui enlève toute garantie aux gardes nationaux qu'il traduit devant ses *jugeurs* militaires, malgré leur qualité de belligérants...

« Ainsi, dans les quarante-huit heures, les accusés pourront être, sans défense possible, condamnés et exécutés.

« L'Assemblée vote d'urgence, empressée de justifier cette maxime de tigre sortie en pleine discussion de la bouche de M. Picard : NOUS USERONS CONTRE EUX DE TOUS LES MOYENS A NOTRE DISPOSITION ! L'Assemblée a applaudi !!!

« Les défenseurs de la Commune sauront qu'ils ne doivent en aucun cas se rendre à ces égorgeurs altérés de sang.

« Et personne ne pourra plus blâmer la Commune, qui ne prend des otages que pour mettre fin à ces indignes massacres, »

matique que Protot m'a certifié que, si la Commune avait pris des
otages, c'était pour obéir aux brutales exigences des bas-fonds de
la démagogie; et que si, par impossible, elles rendaient une exécution nécessaire, on choisirait un ou deux officiers de paix ou sergents de ville, jamais un membre du clergé. Au demeurant, j'ai
une confiance entière dans la bonté de Dieu et le témoignage de ma
conscience.

Au moment où Mgr Darboy achevait ces paroles, il était près de
deux heures et demie, et le gardien qui nous surveillait nous donna
le signal de rentrer dans nos cellules. Cette confiance m'étonnait,
elle aurait diminué mes appréhensions si, depuis notre translation
à la Roquette, je n'avais pris le ferme propos de ne pas ouvrir mon
cœur aux illusions. Aussi j'écrivais plus tard, en rendant compte de
ce suprême entretien à un illustre ami de mon curé et de mon
archevêque : « Pendant qu'ils semblaient n'avoir aucune crainte, je
n'avais aucune espérance. »

C'était le mercredi 24 mai. Quelques instants après, — il était
environ sept heures, — je remarquai, à travers les barreaux de
ma cellule, un mouvement étrange dans la grande cour intérieure.
Il y avait une notable différence entre Mazas et la Roquette. A
Mazas, le règlement disciplinaire de la prison était assez fidèlement
observé. A la Roquette, pas d'ordre, pas de discipline; la prison,
placée entre le faubourg Saint-Antoine, Ménilmontant et Charonne,
était à la merci de toutes les bêtes fauves de ces quartiers; elles y
bondissaient et rugissaient en toute liberté. Des hommes à figure
sinistre se rendaient du greffe au bâtiment de l'ouest où se trouvaient les otages de la première heure, les uns armés de revolvers,
les autres portant à la main des papiers mystérieux. Le directeur
de la prison, avec sa ceinture et ses pantalons rouges, donnait ou
plutôt recevait des ordres d'un air qu'on pouvait, suivant les idées
qu'on avait de sa moralité, croire embarrassé ou satisfait. Les
mauvais gardiens de la prison ne dissimulaient point leur joie; les
bons gardiens disparaissaient consternés. Un citoyen, aux allures
impérieuses, à la face égarée, devant lequel les uns s'inclinaient, les
autres tremblaient, se dirigea, comme un homme atteint de folie
ou d'ivresse, du côté du bâtiment de l'ouest. Je n'avais pas alors

assez de présence d'esprit pour le reconnaître ; mais je me suis convaincu plus tard que c'était Ferré ; d'autres, avec moins de vraisemblance, affirment que c'était Raoul Rigault ; ces deux émules de Robespierre figuraient également bien au poste de l'infamie.

Dans le premier étage du bâtiment de l'ouest, situé en face du nôtre et où l'on avait incarcéré les principaux otages, la plupart des fenêtres se vidaient et se fermaient ; quelques-unes restaient ouvertes, mais elles laissaient entrevoir dans les cellules un vide lugubre. En même temps, au second et troisième étage, occupés par les condamnés des assises, les fenêtres étaient au contraire envahies par les détenus qui cherchaient, avec une curiosité émue, à comprendre le caractère du spectacle insolite qui frappait nos regards.

Mon émotion devenait de plus en plus poignante. Lorsque je vis un officier des insurgés entr'ouvrir la porte qui conduisait de la cour au greffe et dire d'une voix solennelle : « Les hommes de guerre sont-ils prêts? » sans être bien initié au langage militaire, je compris qu'on allait nous fusiller en totalité ou en partie. Je me mis à genoux afin de demander à Dieu force et courage pour tous. A huit heures et quelques minutes, un crépitement horrible foudroyait mes oreilles. Six décharges presque simultanées de chassepots, suivies de quelques coups isolés, retentissaient dans une des cours de la prison. Un silence glacial succédait à ce bruit et me révélait qu'à quelques pas de moi venait de se commettre un de ces crimes monstrueux qui font époque dans l'histoire de l'humanité.

Des prières des agonisants, je passai aux prières des morts. Jamais je n'avais aussi bien sondé toutes les profondeurs de la miséricorde de Dieu. Je ne le conjurais plus, je le sommais de donner un dédommagement digne de lui aux victimes d'un si exécrable et lâche attentat. Je n'aurais pu survivre à cet excès d'iniquité des hommes, si je ne m'étais senti soutenu par le sentiment de l'immortelle bonté et justice de Dieu.

Lorsque je me relevai, le bruit plaintif des clairons et des tambours et le roulement funèbre d'une charrette qui se dirigeait du côté de Charonne semblaient mettre fin à ce drame.

La nuit du mercredi au jeudi fut pour moi une véritable nuit d'enfer. A chaque instant, les portes intérieures et extérieures de la prison s'ouvraient pour y conduire ou en retirer des victimes. Une cour martiale ou plutôt des bandits déguisés en juges siégeaient au greffe. Les malheureux qu'on soupçonnait de complicité avec « les chouans de Versailles, » ou qui refusaient de se faire tuer pour la Commune, sous les ordres des repris de justice, étaient impitoyablement sacrifiés. Au son des tambours et des clairons, se mêlait le bruit des voitures qui conduisaient à la Roquette les suspects et au Père-Lachaise les fusillés et les bombes à pétrole. En même temps la batterie du cimetière ne cessait de foudroyer Paris, et les flammes qui dévoraient les monuments projetaient jusque dans nos cellules leurs sombres lueurs. Je prie le lecteur de prendre un moment ma place; il comprendra qu'aucune réflexion ne peut être à la hauteur d'un si atterrant spectacle.

Placé dans le bâtiment de l'est, qui n'avait aucune communication directe avec le bâtiment de l'ouest, j'ignorais encore le jeudi matin le nom des victimes de la veille.

Deux fidèles gardiens vinrent de bonne heure m'annoncer la fatale nouvelle et me donner à peu près les mêmes détails sur ce drame lugubre. D'après eux, les émissaires de la Commune avaient seuls été témoins de l'exécution; il était donc difficile d'avoir des renseignements précis et surtout complets. L'un de ces gardiens, qui s'était rapproché le plus possible de l'endroit de l'exécution, avait reçu l'ordre d'aider les bourreaux à placer les cadavres sur la charrette qui devait les jeter dans un coin de terre de Charonne, à l'extrémité du Père-Lachaise. C'est à ses indications, contrôlées par les récits des autres gardiens et prisonniers qui se trouvaient dans le bâtiment de l'ouest, que je dois les détails suivants.

Un émissaire de la Préfecture de police se présenta avec quelques insurgés en armes, au premier étage du bâtiment de l'ouest, en proférant d'horribles menaces : « Les royalistes assassinent les républicains; c'est horrible! il faut que cela finisse! » Puis, prenant une liste marquée au crayon rouge, il cria à haute voix : « Citoyen Darboy! citoyen Deguerry! citoyen Bonjean! citoyen Ducoudray! citoyen Clerc! citoyen Allard! » C'étaient les six victimes vouées à la fureur d'une démagogie en délire. Tout le monde connaît les trois premières ; le P. Ducoudray, de la Compagnie de Jésus, était le supérieur de l'établissement d'instruction de l'ancienne rue des Postes, et consacrait son dévouement à donner au pays de bons chrétiens et de bons Français[1] ; le P. Clerc, également jésuite et ancien officier de marine, était un des directeurs du même établissement ; M. l'abbé Allard, ancien missionnaire apostolique, venait de se dévouer au service des ambulances, il portait encore le brassard et la croix de la Société internationale de Genève.

Chacun répondit d'une voix ferme et résignée : « Présent. » J'appris le lendemain même de la bouche de Mgr Surat, premier vicaire général de Paris, que les Pères jésuites avaient reçu l'avant-veille quelques hosties consacrées ; les PP. Ducoudray et Clerc avaient pu se donner dans ce moment suprême la sainte communion ; ils lui avaient fait passer, au moment de l'arrivée des assassins, deux saintes hosties ; il en avait offert une à M. Deguerry qui marcha ainsi à la mort avec la force chrétienne et les espérances immortelles que donne le pain de vie.

[1] Une lettre du P. Ducoudray, écrite de Mazas, révèle avec une admirable simplicité la manière dont il employait son temps en prison.

« Voici mon petit règlement de chaque jour : Cinq heures, lever, puis balayage, nettoyage... Six heures, oraison, que je prolonge d'ordinaire jusqu'à sept heures et demie ou huit heures. Huit heures, matines et laudes, prime et tierce. Huit heures trois quarts, un chapelet. Neuf heures, déjeuner, matines et laudes de l'office de la sainte Vierge. Dix heures, pendant une demi-heure, j'assiste en esprit et en union à la sainte messe qui se célèbre à cette heure, et je fais un quart d'heure d'action de grâces. Onze heures trois quarts, examen. Midi, deuxième chapelet, que je récite toujours pour notre chère communauté. Vers deux heures, je lis ou je travaille en prenant des notes jusqu'à quatre heures. Ajoutez qu'entre neuf et quatre heures, d'une manière très-variable, vient s'intercaler une heure où l'on nous conduit au promenoir, espace grand comme la moitié de notre salle de récréation, où l'on se meut seul entre deux murs. Quatre heures, j'achève les petites heures, je récite vêpres et complies du grand office et de l'office de la sainte Vierge. Cinq heures, je dîne et fais mon petit ménage. Six heures, lecture spirituelle et un peu d'exercice dans ma cellule, longue de cinq à six mètres et large de deux. Sept heures et demie, préparation de l'oraison. Sept heures trois quarts, examen. Huit heures, troisième chapelet qui complète le Rosaire. Huit heures un quart, litanies. Huit heures et demie, je dresse mon hamac et je fais mon lit. Huit heures trois quarts, coucher. Voilà la journée. »

Au moment de descendre, Mgr Darboy et M. Bonjean, qui déployèrent jusqu'à la fin une invincible fermeté, se donnèrent le bras. Tous furent abreuvés de grossières injures jusqu'au lieu de leur supplice ; on avait choisi un réduit obscur du chemin de ronde qui sépare les bâtiments de la prison du rempart extérieur. Les victimes purent s'adresser de salutaires encouragements et se donner une dernière absolution et bénédiction. On attribue à Mgr l'archevêque quelques paroles que lui aurait dictées son cœur d'archevêque ; non-seulement je n'ai pas pu constater l'authenticité de ces paroles, il m'a même été impossible de m'assurer s'il avait parlé. Il est très-probable qu'en face de la mort les victimes se tinrent dans un religieux recueillement, ne répondant que par le silence et le pardon aux insultes de leurs bourreaux. Ce qui est hors de doute, c'est que toutes montrèrent un calme et une dignité inaltérables[1].

[1] Voici en quels termes émus un des otages laïques, qui occupe une position élevée dans l'Université de Paris, racontait, dans le *Journal des Débats* du 31 mai, un des épisodes de ces sanglantes journées :

« Je ne puis finir sans rendre hommage à l'admirable conduite des membres du clergé, qui formaient la très-grande majorité des condamnés, et dont le courage, d'une simplicité héroïque, m'a rappelé celui des martyrs. Un trait qui me paraît sublime se détache pour moi au milieu de beaucoup d'autres, et je regarde comme un devoir sacré de le signaler à l'admiration de tous les hommes de cœur.

« Le Père Guerrin, des Missions étrangères, occupait la cellule 22, qui communique avec la cellule 21, où se trouvait un des otages laïques, marié et père de famille. Après lui avoir prodigué toutes les consolations et tous les encouragements de la charité la plus affectueuse, le Père Guerrin, dans la nuit qui suivit l'assassinat de l'archevêque et des cinq autres victimes, fit observer à son compagnon que l'appel des condamnés s'était fait et se ferait probablement encore sans contrôler leur identité ; que, par suite, une substitution de personnes serait chose facile, et que, si l'on procédait par fournées, les derniers survivants auraient quelques chances de recevoir en temps utile le secours des libérateurs qu'il était encore permis d'espérer. Le hasard avait fait que le Père Guerrin se trouvait vêtu d'habits bourgeois au moment de son arrestation ; il avait laissé pousser en prison sa barbe et ses moustaches, et son extérieur n'avait en ce moment rien qui pût révéler un membre du clergé. Se fondant sur toutes ces circonstances *heureusement réunies*, dit-il avec une touchante simplicité, le Père Guerrin proposa à son voisin de répondre pour lui et de prendre sa place, si, lors du premier appel, le nom de ce père de famille était prononcé le premier. « Vous êtes marié, lui dit-il, vous avez une femme, un enfant, auxquels vous devez vous conserver, s'il est possible ; ce sont des liens aussi par trop douloureux à briser, et votre sacrifice est bien autrement pénible que le nôtre.

Les bourreaux ne devaient pas être nombreux, ou bien l'ivresse et la fureur devaient avoir nui à la justesse de leur tir. Quelques-unes des victimes, en effet, ne furent atteintes que par deux projectiles. Lorsque les corps furent retrouvés, je fis examiner celui de M. Deguerry par trois médecins des plus compétents, les docteurs de Beauvais, Moissenet et Raynaud. Une balle ronde avait pénétré à côté de l'œil droit dans le crâne, et s'était enchâssée dans les fragments osseux ; on la conserve dans l'église de la Madeleine. L'autre balle avait traversé le poumon. D'après les conclusions des médecins, la mort avait été instantanée. Au moment d'être frappé, M. Deguerry, dans un mouvement qui convenait à sa nature militaire, avait ouvert sa soutane et présenté son cœur aux balles de ses bourreaux ; celle qui avait atteint le poumon avait seulement traversé la partie postérieure de la soutane.

Les gardiens m'avaient appris qu'avant de jeter les corps sur la charrette, on les avait dépouillés d'une partie de leurs vêtements, qui avaient été brûlés à l'endroit même de l'exécution. Deux fois j'ai pu constater, sur les lieux couverts de vêtements calcinés, l'exactitude de ce détail. J'ai également constaté qu'en remontant aux chambres des six fusillés on avait volé leur argent et jeté au feu leurs papiers et leurs livres. Quelques semaines après, on voyait encore dans une des armoires du vestibule de la Roquette un bréviaire à moitié brûlé. C'est ainsi que la Commune respectait les dernières volontés et dispositions testamentaires de ses victimes.

Les fusillés du mercredi et des jours suivants, tous les prisonniers auxquels le Comité de salut public réservait le même sort, étaient

Pour moi, prêtre, missionnaire, le martyre que j'ai été chercher en Chine sans le trouver, eh bien je le trouverai ici : peu importe que ce soit aujourd'hui plutôt que demain ; surtout si je puis le rendre utile et le faire contribuer à vous sauver la vie. » On ne pouvait proposer plus simplement, comme une chose toute naturelle, allant pour ainsi dire de soi et sans contestation possible, un acte d'héroïque abnégation ; et ce ne fut qu'à grand'peine, après un long débat, sur des instances réitérées et avec la menace de se refuser absolument à profiter de cette substitution, que le compagnon du père Guerrin pût obtenir de lui la promesse de renoncer à son généreux projet. Quels commentaires ajouter à un pareil fait ! et pour l'honneur de l'humanité, pour l'honneur de la religion qui inspire de tels dévouements, n'était-il pas légitime de faire violence à la modestie chrétienne de celui qui se plaindra sans doute d'avoir été nommé dans ce récit ! »

victimes de leur dévouement à deux nobles et grandes causes : ils souffraient persécution en haine de la religion, dont les sectaires de la Commune avaient inscrit l'abolition dans leur sacrilége programme ; en haine de la patrie, représentée par l'armée de France et l'Assemblée nationale de Versailles défendant contre les barbares l'ordre, la liberté, la foi, l'honneur, la civilisation.

Après le massacre du mercredi, il n'était plus permis aux otages de se faire illusion sur leur sort. Nous n'étions qu'au début du drame sanglant : tout me démontrait qu'il aurait sa continuation et qu'il ne finirait qu'avec le dernier des otages. Alors commença pour nous une longue agonie de quatre jours, dont aucune parole humaine ne peut décrire les sombres péripéties. Je me bornerai à énumérer sans commentaires les incidents les plus remarquables.

Le jeudi, à midi, on nous permet une récréation commune dans la même cour que la veille. Les visages sont plus tristes, mais les cœurs sont aussi fermes. Les laïques témoignent aux ecclésiastiques une cordiale sympathie et montrent la même sérénité. On sent que tous placent en Dieu seul leur confiance, et que cette confiance n'est pas un vain mot. Je m'entretiens vingt minutes avec le P. Olivaint ; frappé dans ses plus chères affections, il conserve encore sur ses lèvres un gracieux sourire ; je renonce à dépeindre sa figure et à reproduire sa conversation. Son visage avait quelque chose de vraiment idéal, et sa parole était celle d'un ange[1]. Sur la proposition de Mgr Surat, de M. Bayle et du P. Olivaint, les prêtres font vœu, si Dieu daigne les arracher à la mort, de célébrer pendant trois ans, le premier samedi de chaque mois, une messe d'action de grâces en l'honneur de la sainte Vierge. Je remarque parmi les laïques une

---

[1] Le Père Olivaint écrivait, le 12 mai, à un de ses amis :

« Aujourd'hui, un mois que je suis à Mazas ! Ah certes, je n'avais pas prévu que j'y viendrais jamais. Après tout, quand on y vit avec Dieu, on peut se trouver bien même à Mazas.

« Je ne suis pas en peine de m'occuper. Trente-huitième jour de ma retraite. J'aurai donc aussi mes quarante jours au désert, et mieux que cela. Mais le jeûne manque, et vous ne pouvez pas vous flatter d'avoir imité les Anges, vous qui venez si vite me secourir. Que Notre-Seigneur ne vous laisse pas non plus languir, et qu'il vous donne bien vite au dedans la force et la vie. Courage et confiance, toujours et quand même... ma vieille devise, toujours nouvelle. »

figure qui ne m'est pas inconnue. Je demande son nom. C'était un des plus intelligents et des plus courageux commissaires de police. C'est lui que le gouvernement avait chargé, au mois de janvier 1864, d'opérer chez moi une visite domiciliaire et la saisie de mes papiers, afin de me faire expier mon dévouement aux candidatures indépendantes et mon opposition à des mesures qui avaient entraîné l'empire à sa perte et qui menaçaient en ce moment d'ensevelir Paris dans un abîme de sang et de ruines. Par une étrange bizarrerie du sort, nos luttes en sens inverse nous avaient conduits à une destinée commune sur laquelle nous ne comptions guère ni l'un ni l'autre. Si je n'avais pas craint de réveiller dans son esprit un délicat souvenir, je lui aurais certifié qu'il pouvait absolument compter sur mon oubli et mon dévouement. Vers la fin de la récréation, un des obus lancés par la batterie du Père-Lachaise fait voler en éclats une des pierres du mur contre lequel nous nous promenons. En temps ordinaire, nous aurions tremblé et pris la fuite : cet incident n'attire même pas notre attention. En nous séparant, nous nous disons : Au revoir, ici-bas ou là-haut! Nous ne savions lequel des deux.

Dans la soirée, nous remarquons de nouveaux incendies dans Paris ; on nous apprend que les insurgés mettent le feu à tous les monuments des quartiers d'où les repousse l'armée de Versailles. Les incendies me navrent et m'exaspèrent ; oubliant les dangers qui me menacent, j'éclate en plaintes amères devant mes compagnons, qui ne peuvent réussir à me calmer. Je dois aux héros du pétrole, du picrate et de la glycérine, les seuls mouvements d'irritation et de défaillance que j'ai ressentis pendant ma captivité.

Le matin, on avait fusillé dans la cour de la Roquette M. Jecker, le célèbre banquier du Mexique. Le soir, on fusillait contre le mur extérieur un garde national réfractaire. Je comprenais cette exécution ; mais celle de M. Jecker m'aurait semblé un atroce logogriphe, si nous avions vécu sur la terre et non pas en plein enfer. A huit heures, un gardien nous fait signe, à M. l'abbé Amodru et à moi, de descendre pour être fusillés. « *Finitum est*, tout est fini! » me dit mon bienfaisant voisin. Nous nous mettons à genoux et, à travers la fenêtre commune à nos deux cellules, nous nous donnons une absolution. Les détenus qui ont compris l'ordre du gardien nous regar-

dent de leurs cellules avec curiosité. Les plus cyniques rient des
prières que nous faisons quelques minutes avant notre mort. Je
prends mes habits de prêtre ; j'écris à mes parents, amis et confrères quelques lignes d'adieu ; je récite dans mon bréviaire les prières
des agonisants. Après une demi-heure, j'apprends qu'on s'est trompé
et que, au lieu de nous conduire, M. Amodru et moi, devant les
chassepots armés, on devait conduire deux prisonniers laïques devant la cour martiale, ce qui devait, si j'excepte un semblant de jugement, aboutir pour eux au même résultat. J'ai appris plus tard,
par un sous-officier et quelques sergents de ville, que les agents de
la Commune leur avaient plus d'une fois annoncé qu'on allait les
fusiller, ajoutant quelques instants après, avec un sourire malicieux,
qu'ils ne perdraient rien à attendre et que la cérémonie était simplement différée au lendemain.

Je passe une partie de la nuit à regarder les incendies. Du côté de
Bercy, tout l'horizon est en feu. La batterie du Père-Lachaise, encou-
ragée par les progrès des flammes, redouble de violence. Le bruit
du canon et de la fusillade retentit en même temps du côté de Montmartre et de l'Hôtel de Ville. Je me demande si je suis éveillé ou sous
l'influence d'un horrible cauchemar ; un complet épuisement de
forces physiques ne me permet pas de bien résoudre ce problème. Je
mentionne ces sensations étranges parce qu'elles sont partagées par
mes compagnons de captivité.

Le vendredi matin, mon voisin et moi nous recevons de bonne
heure la visite d'un des employés subalternes de la maison. Il nous
avait d'abord inspiré quelque confiance, et chaque jour nous lui don-
nions de deux à trois francs, autant pour faire une bonne action que
pour nous montrer reconnaissants de ses services, qui restaient toujours à l'état de projet. Nous n'avions pas besoin d'une rare sagacité
pour découvrir qu'il n'était, au fond, qu'un espion et un complice
de la Commune. La manière équivoque dont il prétendait nous conso-
ler en nous décrivant les progrès de l'armée de Versailles, témoignait
qu'il avait la plus haute idée de notre simplicité et de notre candeur.
Nous voyant plus tristes et plus réservés depuis la catastrophe du
mercredi, il nous disait avec ce ton à la fois goguenard et poli dont le
voyou parisien possède le secret : « Est-ce que par hasard vous ajou-

teriez foi aux fables qu'on fait circuler sur la mort de l'archevêque de Paris et du curé de la Madeleine ? C'est tout simplement absurde; quelques gardes nationaux qui avaient trop bu se sont amusés à décharger leurs fusils contre les murs de la prison ; je vous garantis qu'on n'a fusillé personne. » Puis, sachant que nous devions dans quelques heures subir le même sort, il s'empressait de proposer aux ecclésiastiques de notre étage une loterie qui devait, dans ses délicats calculs, lui apporter quelques bénéfices sans le dépouiller de l'objet d'art qu'il était fier d'avoir fabriqué.

Il me fallait depuis huit jours dévorer des humiliations qui me révélaient, sous un jour tout nouveau, la pauvre nature humaine. La cynique proposition de ce malhonnête employé fut repoussée avec dignité ; mais il fut convenu que nous lui continuerions notre gratification quotidienne en reconnaissance des services qu'il nous promettait toujours et qu'il ne nous rendait jamais.

En descendant de notre étage il se transportait fidèlement au greffe pour rendre compte de ce qu'il avait cru voir ou entendre. Nous n'avions pas seulement à lutter contre la férocité, mais encore contre la duplicité et la fourberie.

Il était bien arrêté dans les plans de la Commune qu'aucun des otages ne devait échapper à la mort. Le dimanche suivant, le premier objet qui frappa mes regards au greffe de la Roquette fut la liste où l'on avait inscrit leurs noms. On avait marqué d'un trait rouge horizontal les noms de ceux qu'on devait fusiller ; lorsque l'exécution était accomplie, on ajoutait un trait vertical qui formait une croix. Tous les noms étaient précédés d'un trait horizontal. Si mes souvenirs ne me trompent, on avait suivi pour les exécutions l'ordre d'inscription dans la liste.

Vers deux heures, trois obus lancés par la batterie du Père-Lachaise traversent le toit de la prison à quelques mètres au-dessus de nos têtes et couvrent la cour des tuiles du toit et des pierres des cheminées. Quelques prisonniers protestent contre les désastres dont les menace l'explosion des projectiles dans des cellules fermées et se font ouvrir les portes, les autres ne semblent pas même avoir remarqué ce foudroyant incident ; absorbés par la prière, ils sont plus préoccupés des choses de l'éternité que des choses du temps.

Les obus qui s'abattaient sur notre prison étaient un indice des rapides progrès des troupes françaises ; mais ces progrès nous plaçaient dans la plus perplexe et la plus intolérable des situations. Nous ne pouvions attendre notre salut que de l'armée de Versailles ; nous devions donc, en envisageant les intérêts généraux de la civilisation et nos propres intérêts, désirer ardemment son triomphe. Mais il était non moins évident que plus l'armée se rapprochait de nous, plus notre fin devenait imminente. Ainsi, la perspective qui était notre seule espérance de salut, devenait en même temps l'annonce inévitable de notre ruine. Rien ne manquait à notre agonie. Si les immenses consolations de la religion ne nous avait maintenus dans des hauteurs supérieures à notre malheur, nous aurions été condamnés aux horreurs d'un enfer anticipé. C'est dans ces cruelles heures que l'on comprend la parole de l'Homme-Dieu qui avait, au jardin de Gethsemani et sur le gibet du Golgotha, épuisé jusqu'à la lie le calice de toutes les humiliations, de toutes les douleurs, de toutes les angoisses afin de les sanctifier : « Mon Dieu, pourquoi m'avez-vous abandonné ? » mais à la condition de ne pas la séparer de cette autre parole qui exclut toute défaillance et présage de surprenants retours : « Mon Dieu, je remets mon âme entre vos mains ! »

IV

La fin de la journée du vendredi avait été des plus sombres. Dans la cour intérieure de la prison s'étaient produits les mêmes phénomènes que le jeudi soir. A la vue de l'agent mystérieux qui tenait une liste à la main, chacun se disait : « Mon nom est probablement inscrit sur cette liste ; que Dieu ait pitié de moi! » J'avais encore entendu sortir de la bouche d'un officier insurgé cette fatale interrogation : « Les hommes de guerre sont-ils à leur poste? » Des cellules du bâtiment en face du nôtre, des mains amies nous avaient indiqué par signes que le nombre des nouveaux fusillés s'élevait au chiffre de douze, quinze, seize!... C'était à peine le quart des otages qui avaient été immolés aux haines de la Commune. Malheureusement chacun ne pouvait garantir que les faits dont il était le témoin ; notre horizon ne s'étendait qu'aux quatre coins de notre cellule, tout au plus à une partie de l'étage qu'on habitait ; chacun ne pouvait donner des renseignements que sur quelques-unes des péripéties et des victimes des exécutions.

Le samedi matin, un des employés de la bibliothèque, qui nous témoignait une sollicitude au-dessus de tout éloge, me donnait, les larmes aux yeux, des détails plus précis sur l'étendue du désastre. A cinq heures, un émissaire de la Commune était entré dans le premier étage du bâtiment de l'ouest et s'était écrié : « Citoyens, attention à l'appel ; ici, il nous en faut quinze! » Parmi ces victimes figuraient le P. Olivaint, le P. Caubert et le P. de Bengy, jésuites; les quatre principaux pères de la compagnie de Picpus; l'abbé Sabattier, second vicaire de Notre-Dame-de-Lorette; M. l'abbé Seigneret, un jeune élève du séminaire Saint-Sulpice; M. l'abbé Planchat, un véritable missionnaire qui déployait tous les dévouements de l'apostolat, non dans la Chine ou le Japon, mais dans les classes ouvrières du faubourg Saint-Antoine. On appela encore une quarantaine de gendarmes, soldats, officiers de paix, gardes de Paris, dont la plupart étaient enfermés dans le premier étage de notre bâtiment de l'est.

On les conduisit à Belleville, précédés de tambours et de clairons, dans une des cours de la rue Haxo. Pendant ce long trajet, une foule furieuse, dans laquelle les femmes se faisaient remarquer par une exaltation voisine de l'ivresse, vomissait des menaces et des imprécations. Après les avoir assassinés à coups de chassepot et de revolver, on les mutila à coups de pied et de crosse de fusil; on les jeta ensuite pêle-mêle dans une cave, d'où ils furent retirés trois jours après dans un état de putréfaction avancée[1].

Les plus incrédules voyaient approcher l'heure dernière; je me préparai donc une fois de plus à mourir. Les insurgés volaient ou brûlaient les objets restés dans les cellules; je remis ma montre, mes papiers et mes dernières dispositions testamentaires à l'employé de la bibliothèque, avec l'indication des personnes auxquelles il devait les transmettre. Je désirais vivement que mon corps pût recevoir une sépulture convenable, et ne sachant quel moyen prendre pour qu'on pût le reconnaître, je communiquai mes inquiétudes à M. l'abbé Amodru, mon voisin, à travers la fenêtre qui éclairait nos cellules. Il avait prévu et résolu la difficulté; je profitai des dispositions pratiques qu'il venait de prendre lui-même : j'écrivis mon nom en caractères très-lisibles sur plusieurs petits carrés de papier que je mis

---

[1] Il n'est pas inutile d'insister sur les pertes cruelles que les haines religieuses de la Commune ont infligées au clergé de Paris. Elle a mis à mort Mgr Darboy, le premier pasteur du diocèse; Mgr Surat, le premier vicaire-général; M. Deguerry, le doyen des curés et le plus connu d'entre eux ; le Père Olivaint, supérieur de la maison des Jésuites; le père Ducoudray, supérieur de leur grand établissement d'instruction de la rue des Postes; le Père Captier, dominicain, supérieur d'Arcueil, et l'un des hommes les plus compétents dans les matières de l'enseignement. La Commune avait en outre arrêté trois vicaires-généraux, M. Jourdan, M. Bayle et

dans mes souliers et dans les différentes poches de mon habit.

C'était la veille de la Pentecôte. N'ayant plus la force de me mettre à genoux, je m'assis sur mon lit, et tantôt le bréviaire, tantôt l'*Imitation de Jésus-Christ* à la main, je demandais à Dieu l'esprit de force et de sacrifice. En lisant le psaume trentième, je fus frappé de ces paroles : « Seigneur, je ne serai pas confondu parce que je vous ai invoqué !... Vous me protégerez contre la fureur des impies !... Soyez béni, Seigneur, parce que vous avez fait un prodige de miséricorde pour me sauver dans la cité où l'on ne voit que forteresses et combats. » Mais je me défiais aussitôt de ces espérances qui glissaient trop facilement dans mon âme ; je voulais rester en face des tristes réalités de la mort.

Le crépitement de plus en plus bruyant de la fusillade nous annonçait le rapprochement de la lutte. Les barricades du Château-d'Eau avaient été vaillamment prises par les troupes de Versailles ;

M. Icard, directeur du séminaire Saint-Sulpice, qui ont providentiellement échappé à la mort, dont ils étaient menacés comme tous les autres otages.

Voici la liste des quarante ecclésiastiques enfermés à la Roquette comme otages de la Commune.

Ont été fusillés les 24, 26 et 27 mai :

Mgr Darboy, archevêque de Paris.	Les R. P. de Picpus : Tuffier, Rouchouze, Radigue, Tardieu.
Mgr Surat, vicaire général de Paris.	
M. Deguerry, curé de la Madeleine.	M. Sabatier, second vicaire de Notre-Dame-de-Lorette.
M. Allard, missionnaire.	
M. Bécourt, curé de Bonne-Nouvelle.	M. Seigneret, séminariste.
Les R. P. jésuites : Clerc, Ducoudray, Olivaint, Caubert, de Bengy.	M. Houillon, des Missions étrangères.
	M. Planchat, aumônier à Charonne.

Ont échappé à la mort :

M. Bayle, vicaire général.	M. Amodru, vicaire à N.-D.-des-Victoires.
M. Petit, secrétaire général.	M. Carré, vicaire à Belleville.
M. Moléon, curé de Saint-Séverin.	M. Delmas, vicaire à Saint-Ambroise.
M. Lartigue, curé de Saint-Leu.	M. Depontalier, vicaire à Belleville.
M. Bacuès, prêtre de Saint-Sulpice.	M. Guebels, vicaire à Saint-Éloi.
Le Père Bazin, jésuite.	M. Guillon, prêtre de Saint-Eustache.
MM. Perny et Guerrin, des Missions étrangères.	M. Lamazou, vicaire à la Madeleine.
Les Pères de Picpus : Sainta, Frézal et Laurent.	M. de Marsy, vic. à St-Vincent-de-Paul.
	M. Besqueut, prêtre de Privas.
M. Juge, aumônier des Sœurs aveugles.	MM. Gard et Déchelette, élèves du séminaire Saint-Sulpice.

la Commune, [qui siégeait à la mairie du Prince-Eugène, était obligée de battre en retraite ; ses tronçons épars étaient venus, par un suprême effort, se rejoindre au greffe de la Roquette et continuer l'infernale besogne du banditisme cosmopolite. Entre l'armée libératrice et nous se trouvaient encore ces hommes de sang et de boue dont les dernières convulsions étaient autant d'arrêts de mort et d'incendie. On m'a rapporté que Ferré bondissait comme une panthère à qui l'on va enlever sa proie ; il criait d'une voix rauque : « Qu'on se dépêche ! qu'on les fusille, ces chouans ! qu'on les égorge, ces bandits ! qu'on n'en laisse pas un debout ! Citoyens et citoyennes des faubourgs, venez venger vos fils, vos pères lâchement assassinés ! » Les misérables n'avaient pas de temps à perdre : d'un côté, les troupes de Versailles pénétraient dans le boulevard du Prince-Eugène ; de l'autre, elles entouraient le Père-Lachaise ; mais, par une intolérable fatalité, le principe de notre salut devenait en même temps le principe de notre ruine.

A trois heures quelques minutes, les lourds verrous de nos cellules s'agitent avec une rapidité inaccoutumée. J'étais à genoux, récitant d'une voix éteinte l'office de la veille de la Pentecôte. Mon voisin ouvre vivement la porte de ma cellule : « Courage, me dit-il, c'est maintenant notre tour ; on nous fait tous descendre pour nous fusiller ! — Courage, lui répondis-je à mon tour, et que la volonté de Dieu soit faite ! » Je m'étais déjà revêtu de mes habits ecclésiastiques, je m'avance au milieu du corridor où étaient mêlés, confondus prêtres, soldats, gardes nationaux. Les prêtres et les gardes nationaux avaient une attitude calme et résignée ; les soldats ne pouvaient croire au sort qui les attendait : « Qu'est-ce que nous leur avons fait à ces malheureux ! Nous nous sommes battus contre les Prussiens ! Nous avons rempli notre devoir ! Pourquoi veulent-ils nous fusiller ? Non, cela n'est pas possible ! » Les uns poussaient des cris de colère, les autres restaient silencieux et immobiles comme s'ils avaient été le jouet d'un rêve. Les prêtres se mettent à genoux pour se fortifier par une dernière absolution ; l'un d'eux engage les soldats à nous imiter, et leur adresse quelques paroles d'encouragement.

Une voix, vibrante comme l'airain, domine tout à coup ce bruit confus : « Mes amis, ces ignobles scélérats ont déjà tué trop de monde ; ne vous laissez pas assassiner, venez à moi, résistons, combattons ; plutôt que de vous livrer je veux mourir avec vous ! » C'était la voix du gardien Pinet. Ce généreux enfant de la Lorraine, ahuri par tant de forfaits, ne pouvait plus étouffer son indignation ; chargé d'ouvrir lentement nos cellules et de nous livrer deux par deux aux insurgés qui nous attendaient en bas, il avait fermé sur lui la porte du troisième étage, ouvert rapidement nos cellules pour nous conseiller et nous aider à organiser la résistance, prêt à sacrifier sa vie qui ne courait aucun danger pour nous aider à sauver la nôtre. Je ne pouvais d'abord croire à tant d'héroïsme. M. l'abbé Amodru avait pris à son tour la parole et joignait ses protestations à celles de Pinet : « Ne nous laissons pas fusiller, mes amis, défendons-nous ; ayez confiance en Dieu, il est pour nous et avec nous, il nous sauvera ! »

Les esprits étaient hésitants et partagés. Se défendre, objectait l'un, est une folie ; nous n'y gagnerons qu'une mort plus cruelle : au lieu d'être simplement fusillés, nous allons être égorgés par la populace ou consumés par les flammes. — Faisons monter les gardes nationaux, s'écriait un naïf (je ne croyais pas une telle naïveté possible à la Roquette), nous leur prouverons que nous sommes d'honnêtes gens et non des voleurs et des assassins. — Ce n'est pas à notre vie qu'on en veut, s'écriait un soldat dont l'impartiale vérité me fait un devoir de reproduire les paroles et qui avait aussi peu de discernement que de sens moral, c'est aux curés seuls qu'on en veut ; n'allons pas exposer notre vie en cherchant à défendre la leur !

Je n'avais pas encore dit une parole ; je suivais avec une anxiété facile à comprendre les phases de cette étrange situation ; quelques confrères me demandaient ce qu'il y avait à craindre ou à espérer. « Les sergents de ville qui sont au-dessous de vous, s'écriait le gardien Pinet, que les hésitations rendaient plus énergique et plus éloquent, sont disposés à se défendre ; ne vous laissez pas fusiller par ce tas de bandits. » J'étais déjà convaincu que la résistance, dont je jugeais le succès plus qu'improbable, était néanmoins le parti le plus digne. Depuis le 18 mars, je ne cessais de protester contre le silence et l'abdication des honnêtes gens en face des malfaiteurs ;

pour me montrer jusqu'au bout fidèle à mon programme, je sortis de mon inaction apparente. M. Walbert, ancien officier de paix et M. l'abbé Carré, vicaire de Belleville, émettent l'idée qu'il faut percer le plancher pour se mettre en communication avec les sergents de ville enfermés au second étage, et aussitôt ils s'arment de planches et de tringles de fer que nous arrachons de nos lits pour enfoncer le sol. Je me joins à eux. Moi qui, le matin, n'avais plus la force de me tenir debout et qui n'avais pas reçu une bouchée de pain, je brisais les planches et tordais les tringles avec une irrésistible facilité ! En cinq minutes une large ouverture est pratiquée entre le troisième et le deuxième étage. Les sergents de ville sont prêts à vendre chèrement leur vie. Le sous-officier Teyssier se hisse à travers cette ouverture pour prendre, avec Pinet, le commandement de l'insurrection.

La cour intérieure de la prison est envahie par une multitude abjecte qui vient assister à notre dernier supplice. Il est plus facile de deviner que de traduire la physionomie et les menaces de cette cohue. Nous plaçons des matelas contre les fenêtres pour nous mettre à l'abri des coups de feu. Dans cette cohue un jeune homme nous sommait de descendre et nous couchait en joue avec un cynisme qui frappa mon attention. « Voyez ce misérable, me dit le gardien Pinet ; c'est un des deux condamnés à mort par la cour d'assises de la Seine ! »

— Le feu est à la barricade, s'écrient quelques soldats ; nous sommes asphyxiés ! Au secours !

Deux énormes barricades avaient été construites contre les deux portes de l'étage, avec nos lits et les dalles enlevées au plancher. Je cours à la barricade en feu et me sens enveloppé d'un nuage de fumée. « Rassurez-vous, me dit un soldat dont j'admirai la rare habileté et présence d'esprit, c'est moi qui ai construit la barricade. J'ai eu soin de ne placer en avant que des matelas : qu'on me porte de l'eau ! » En un quart d'heure, le feu était éteint. J'entendais les insurgés qui tantôt nous menaçaient de mettre le feu à notre bâtiment, de le faire sauter avec des matières explosibles ou de diriger sur lui la batterie du Père-Lachaise ; tantôt criaient d'une voix perfide : « Vive la ligne ! rendez-vous, et l'on vous donnera la liberté ! » Les massacres de ceux

qui se fièrent à ces promesses attestent combien elles étaient sin-
cères.

Il se produisait en ce moment dans la prison un fait aussi incroyable qu'heureux. Pendant que nous organisions une résistance
désespérée, et que des soldats, plus hardis que prudents, s'écriaient :
« Descendons au greffe, allons faire un mauvais parti à la Commune ! » la Commune effrayée de notre violente résistance et des
rapides progrès de l'armée française dans le boulevard du Prince-
Eugène quittait avec précipitation la Roquette et prenait la direction
de Belleville. La populace, étonnée de ce rapide déménagement, crut
à un grave danger et s'enfuit à la suite des bandits. Les détenus
avaient été rendus à la liberté et criaient naturellement : Vive la
République ! vive la Commune !

Profitant de ce désordre, les otages laïques du bâtiment de l'ouest
qui devaient être fusillés avec nous sortirent de la Roquette ; presque tous, grâce à leur habileté, purent ou franchir les barricades ou
se cacher jusqu'au lendemain dans le dernier repaire de l'insurrec·
tion. Quelques ecclésiastiques les imitèrent ; d'autres, notamment
Mgr Surat, qui avait pris un habit laïque, semblaient hésiter. Les
gardiens, guidés par un sentiment plus louable que prudent, les en-
gageaient à fuir. Ce parti me semblait désastreux ; les alentours de la
prison étaient au pouvoir des insurgés dont l'irritation ne connaissait plus de bornes. Je crus devoir avertir le premier vicaire général de Paris, et à travers les barreaux lui adresser ces paroles :
« Prenez garde ! partir, c'est la mort certaine ; rester, c'est la mort
incertaine ! » J'ai su plus tard qu'elles n'avaient pas été entendues.
Au sortir de la prison, il fut mis à mort dans des conditions effroya-
bles avec M. Bécourt, curé de Bonne-Nouvelle, M. Houillon, missionnaire des Missions-Étrangères, et un prisonnier laïque. Quelques
ecclésiastiques réussirent à se cacher dans le faubourg Saint-Antoine ;
les autres rentrèrent dans la prison[1].

---

[1] Le danger était si grand pour les otages qui tentèrent de sortir de la Roquette
le samedi soir, que le plus habile d'entre eux, M. R., commissaire de police, n'arriva
chez lui qu'après avoir failli plusieurs fois perdre la vie.

Au sortir de la prison, il est suivi par quelques insurgés qui veulent le fusiller.
Il échappe à leurs poursuites en faisant un brusque détour ; mais bientôt il se trouve

Malgré le départ des insurgés qui devaient nous mettre à mort, nous restions exposés à tous les dangers, à toutes les surprises, tant que les portes de la prison ne seraient point fermées. C'est alors que j'interpellai en termes presque violents les deux gardiens qui, effrayés des terribles éventualités qu'un retour des insurgés pouvait produire, nous pressaient vivement de descendre et de sortir. « Nous ne sortirons pas, leur répondis-je ; les troupes de Versailles seront ici dans quelques heures ; si, par votre faute, il nous arrivait malheur, c'est sur vous qu'en retombera la responsabilité. Fermez toutes les portes de la prison et ne les ouvrez qu'aux Versaillais. »

Ils me reprochèrent vivement une opiniâtreté qu'ils croyaient devoir nous être fatale, mais ils se montrèrent fidèles à ma consigne.

A onze heures du soir, la fusillade, qui retentissait non loin de nous, cessa. Au dehors, des démagogues en délire proféraient contre nous d'impuissantes menaces. Nous faisions une garde sévère et commencions à ouvrir sérieusement nos cœurs à l'espérance. A deux heures trois quarts, la fusillade recommença du côté du Père-Lachaise. Les heures nous paraissaient plus longues que des siècles. Une formidable barricade occupait, en face de la prison, la rue de la Roquette. Attaquée du côté de la Bastille, elle aurait, à cause de la pente rapide du terrain, opposé une formidable résistance ; mais, grâce à l'admirable plan tournant et concentrique de l'armée française, les insurgés, foudroyés des hauteurs occupées par nos troupes, quittèrent la barricade en désordre, et un bataillon de l'infanterie de marine s'emparait de la Roquette. Notre résistance, qui n'était d'abord qu'une folie, finissait par un vrai miracle. C'était la grande fête de la Pentecôte. Après quatre jours de la plus cruelle agonie qui se puisse imaginer, nous étions, contre toute prévision, toute attente, rendus à la vie et à la liberté.

pris entre deux barricades. On l'interroge, on profère des menaces : il donne le change en se faisant passer pour un détenu de la Roquette que la Commune vient de mettre en liberté. « J'avais deviné à sa mine, s'écrie une citoyenne, que c'était un vrai patriote. » La chance de passer pour un coquin était la meilleure ou la seule bonne. Il lui reste une dernière barricade à franchir sur le boulevard du Prince-Eugène ; il doit à la rapidité de sa course d'éviter une grêle de balles dirigées contre lui. Après s'être fait reconnaître de l'armée de Versailles, il reçoit un sauf-conduit et rentre dans son domicile épuisé d'émotions et de fatigues.

Pendant que quelques prisonniers crient : Vive l'armée! Vive la France! la plupart, troublés par de longues insomnies et des tortures morales qu'aucune langue humaine ne peut traduire, s'obstinent à ne voir dans nos libérateurs que des insurgés déguisés en marins. Alors commença entre les prisonniers et les marins une pittoresque négociation où les premiers, plus incrédules que saint Thomas, ne voyaient partout que des piéges, et où les seconds, d'une patience à toute épreuve, se soumettaient à des exigences qui menaçaient de devenir puériles. On leur avait demandé des armes, des drapeaux, les livres et les papiers du bataillon. Les marins livraient tout aux prisonniers; et les prisonniers, toujours ahuris et aveuglés, n'étaient jamais rassurés sur l'identité des marins.

Quelques-uns de mes compagnons et moi, qui n'avions jamais cru à un déguisement si parfait, nous étions désolés de la prolongation d'une méprise peu flatteuse pour nos courageux libérateurs. Nous engageons nos compagnons de captivité à nous laisser sortir et à juger, par la manière dont nous serons reçus, de la détermination qu'ils auront à prendre eux-mêmes.

A la vue des marins qui se jettent sur nous, non pour nous massacrer, mais pour nous serrer la main et se réjouir de notre délivrance, nos compagnons reprennent confiance et viennent recueillir leur part de ces cordiales sympathies.

Ma surprise est grande lorsque j'entends un aide de camp du général Vinoy demander avec empressement des nouvelles de Mgr Darboy et de M. Deguerry. « Où sont-ils? Comment se portent-ils? » Il y avait quatre jours qu'ils avaient été massacrés par la Commune. On ignorait encore à Versailles et à Paris l'affreuse réalité. Connaissant la profonde affection du brave général Vinoy pour Mgr l'archevêque de Paris, son aide de camp me prie de lui donner quelques détails circonstanciés, qui sont aussitôt expédiés au général et à Versailles.

On se battait encore avec acharnement autour de la Roquette. Nous sommes obligés d'attendre près d'une heure au greffe, où nous retrouvons, dans un désordre hideux, des cartouches, des cigares, des poignards, des fusils, des listes de proscription, des proclamations et des arrêts de la Commune expirante qui n'avaient pu voir le jour.

Accompagnés d'une escorte qui portait devant nous le drapeau de la France, nous reprenons en corps par les hauteurs du faubourg Saint-Antoine, par le Jardin des Plantes et les quais de la rive gauche, la route qui doit nous conduire dans nos demeures. A chaque pas, nous avons à lutter contre les plus poignantes émotions. Ici, les boulevards sont jonchés d'hommes et de chevaux tués ; à côté de monceaux de cartouches et de chassepots brisés apparaissent des mares de sang. Là, les arbres sont brisés, les maisons trouées par les obus ; les rares habitants que nous rencontrons semblent ahuris et désespérés. Plus loin, nous poussons un cri d'horreur à la vue de l'Hôtel de Ville, du Palais de justice, de l'entrée de la rue du Bac, des Tuileries, des palais du Conseil d'État et de la Légion d'honneur en flammes ou en cendres.

A la hauteur de la rue des Saints-Pères, un monsieur et une dame dont je connaissais la figure, mais dont je ne me rappelais plus les noms, m'arrêtent pour me demander si je suis un père jésuite, et si je reviens de la Roquette. Ils veulent avoir des nouvelles du P. Caubert. Je leur apprends qu'il a été fusillé le vendredi avec le P. Olivaint. A ces mots, le monsieur lève les yeux au ciel, pendant que la dame fait un effort sur elle-même pour maîtriser son émotion. « Vous voyez devant vous, me dit-il, la sœur du P. Caubert ! » C'étaient M. Lauras, un des administrateurs du chemin de fer d'Orléans, et madame Lauras, née Caubert.

J'accompagne au palais Bourbon les soldats qui avaient partagé ma captivité, et, après avoir échangé avec eux une fraternelle poignée de main, je me dirige du côté de la Madeleine. La place de la Concorde était saccagée, une partie de la rue Royale consumée par le pétrole. Je retrouve debout, mais trouées par la fusillade, l'église de la Madeleine et ma demeure de la rue de la Ville-l'Évêque. Personne ne connaît et, chose plus étrange encore, presque personne ne veut admettre l'horrible mort de Mgr Darboy et de M. Deguerry. Mes deux confrères, présents à la Madeleine, expriment les mêmes doutes, la même incrédulité. Lorsque, à l'office des vêpres, je me prépare à monter en chaire pour recommander les victimes aux prières des fidèles, ils me conseillent de différer cette démarche, dans l'espoir que la fatale nouvelle ne se confirmera pas.

Je l'avais apprise à plus de cent personnes, avec prière de la communiquer, à leur tour, aux autres paroissiens de la Madeleine ; et voilà qu'au moment où, en termes émus, mais sobres et mesurés, je demande aux fidèles réunis au pied des autels des prières pour le pasteur du diocèse et le curé de la paroisse indignement fusillés le mercredi 24 mai à la prison de la Roquette, un cri de douleur et d'horreur s'échappe de toutes les poitrines ; hommes et femmes se lèvent en désordre comme pour protester ; les fidèles les plus respectueux, les plus graves, semblent un moment perdre la tête, et parmi les paroles qui se croisent en face de la chaire, j'entends dominer celles-ci : « Non ! non, ce crime n'est pas possible ! »

Ce mouvement instinctif d'incrédulité, en face d'un témoin oculaire, était la plus éloquente flétrissure des abominables attentats dont la Roquette venait d'être le théâtre. Ce mouvement était si naturel, que moi-même je disais, le jour suivant, à un ami haut placé dans le monde religieux, qui m'engageait à rédiger, pour l'édification publique, un récit de cette sanglante tragédie : « C'est ce que je m'empresse de faire en ce moment, car je crains de ne plus croire dans quelques jours aux horribles choses que j'ai vues et entendues. »

Mes conclusions morales seront simples et rapides. Je croirais faire injure au lecteur en insistant sur les grands enseignements qui s'attachent à des catastrophes aussi douloureuses et aussi écrasantes.

Premier enseignement. Jamais la Providence n'avait frappé des coups aussi foudroyants pour châtier et pour éclairer un peuple. Il importe donc d'ouvrir les yeux sur le mal grave, exceptionnel, qui atteint la société, et de chercher à lui appliquer un remède efficace et durable. Nous souffrons tous du mal, nous devons tous nous préoccuper des moyens de le guérir.

Quelques jours après ma sortie de la Roquette, je voulus parcourir de nouveau les lieux de notre captivité, afin de retracer avec précision les événements qui s'y étaient accomplis pendant les derniers jours de la Commune. J'y rencontrai un des juges d'instruction les plus intelligents et les plus religieux du tribunal de la Seine. Je visitai avec lui les endroits les plus marquants, les étages où s'était organisée la résistance aux bourreaux de la Commune, la cellule de Mgr Darboy, le coin du chemin de ronde où s'était consommé l'assassinat des six principaux otages. Le gardien nous conduisit à la cellule de Troppmann. « Je croyais, jusqu'à ces derniers temps, dis-je au magistrat de la Seine, que les criminels de l'espèce de Troppmann étaient des individualités très-rares, qu'il fallait cinquante, soixante ans, pour en voir éclore un semblable dans les bas-fonds sociaux. Après les faits dont j'ai été témoin à la Roquette, je suis convaincu que c'est par milliers qu'on les compte à Paris. » Le juge d'instruction répondit que tous les magistrats qui étudient les mystères de ces bas-fonds ont la même conviction. Il serait donc simplement insensé de ne pas se préoccuper du remède qu'il convient d'opposer à un tel désordre.

Second enseignement. Dans l'horrible catastrophe qui vient de mettre à nu tant de plaies matérielles ou morales, chacun a une part plus ou moins grande de responsabilité et de culpabilité ; chacun doit donc faire son *meâ culpâ* et chercher à devenir meilleur. Les ouvriers turbulents, les démagogues, l'Internationale[1], les sociétés secrètes, les déclassés, les gouvernements sans moralité, sont certainement les grands coupables ; mais ils ne sont pas les seuls coupables. Les hommes de lettres qui répandent dans leurs publications malsaines le poison du scepticisme et de l'immoralité ; les

---

[1] On ne peut pas reprocher à l'Internationale d'avoir dissimulé son programme. Au mois de juin 1869, au grand meeting de Charing-Cross, le citoyen Vésinier, qui était alors le penseur, l'orateur et l'écrivain de l'Internationale, et qui devait l'être plus tard de la Commune, prononçait un discours où il définissait, avec une rare clarté, le but politique et social que les travailleurs du monde entier devaient poursuivre :

« Il nous faut vaincre ou mourir, s'écriait-il. Pour cela, il nous faut hardiment nier Dieu, la famille, la patrie.

« Il faut soustraire nos enfants au joug abrutissant des prêtres, des rois et de la nationalité. (*Applaudissements.*)

« Nier Dieu, c'est affirmer l'homme unique et véritable souverain de ses destinées. C'est tuer le prêtre et la religion. La négation de la divinité, c'est l'homme s'affirmant dans sa force et sa liberté. (*Bruyants applaudissements.*)

« Nier la famille, c'est affirmer l'indépendance de l'homme dès le berceau, c'est arracher la femme à l'esclavage où l'ont jetée les prêtres et une civilisation pourrie. (*Applaudissements frénétiques.*)

« Quant à la patrie, nous la répudions parce que nous n'acceptons pas que l'on

artistes qui manquent aux lois du respect et de la convenance; les journaux de la bourgeoisie riche et influente qui défendent les principes de la conservation matérielle, en même temps que, par leurs attaques contre le Saint-Siége, le clergé, l'Église, ils sapent les principes essentiels de l'ordre moral; les politiques qui prônent brutalement, dans l'intérêt de leurs calculs et de leurs convoitises, la primauté de la force sur le droit, doivent désavouer et corriger leurs errements. Les hommes religieux et le clergé lui-même redoubleront de sollicitude et d'énergie pour étendre et fortifier leur action, pour prendre dans les quartiers populaires une position plus active et plus militante. Le salut n'est qu'à ce prix.

Troisième enseignement. Le règne de la Commune a dévoilé dans la société un nombre effrayant de scélérats capables de tous les excès. Ils ont foulé aux pieds des principes tellement élémentaires de l'ordre naturel et social, que le régime de la terreur aurait craint de ne pas en tenir compte. Les exécutions de la Roquette, sans instruction, sans discussion, sans jugement préalable, sont mille fois plus monstrueuses que les exécutions du tribunal révolutionnaire. En 1793, on avait, avec les Danton, les Robespierre, une copie plus ou moins imposante des Catilina de l'antique Rome; en 1871, nous avons eu, avec les Raoul Rigault et les Ferré, les Catilina de l'égout. On ne raisonne pas avec les bêtes féroces, on

puisse faire égorger des hommes au nom des nationalités. Tous les travailleurs, tous les prolétaires sont frères; l'ennemi, c'est la société telle qu'elle est organisée. (*Applaudissements.*)

« La société est mauvaise; donc il faut la changer.

« Travailleurs de tous les pays, à l'œuvre !

« Guerre impitoyable au capital, à la propriété et à tous les gouvernements qu les protégent. Le droit au travail pour tous, l'atelier à tous, la propriété à tous, voilà notre but.

« Pour y parvenir nous n'épargnerons rien; nous combattrons, nous mourrons s'il le faut à l'ombre du drapeau rouge, étendard du socialisme et de la Commune. » (*Hurrahs enthousiastes.*)

Ces menaces et ces programmes de guerre sociale étaient devenus très-fréquents dans les dernières années de l'empire et pendant le siége de Paris par les Prussiens. Ils ne pouvaient recevoir une exécution plus littérale. Si les honnêtes gens, qui auraient dû se tenir pour avertis, ont paru médiocrement s'en préoccuper, à qui la faute? Gouvernants et gouvernés feront bien de s'en prendre d'abord à eux-mêmes.

les musèle. Il faut donc armer la société d'une répression légale proportionnée aux dangers qui la menacent.

Mais comme l'ordre matériel a pour fondement et pour appui l'ordre moral, il faut populariser et pratiquer les grands principes du respect de Dieu, du respect des autres et de soi-même. On a voulu établir la société en dehors des croyances religieuses, faire des lois, créer des institutions, discipliner le peuple en dehors de la doctrine de l'Évangile; c'était asseoir l'édifice social sur le sable mouvant. Comment un économiste, un politique même incroyant, ne comprennent-ils point que, tant que dans les grandes villes, surtout à Paris, l'homme du peuple ne trouvera point dans la foi, les pratiques religieuses et les immortels dédommagements de la vie future, un principe de moralité, de force et de consolation en présence de l'inégalité des fortunes et des positions sociales, des jouissances et de l'oisiveté des heureux du siècle, des épreuves et des souffrances imprévues qui l'atteignent trop souvent lui-même, il ne saurait y avoir ni sécurité ni repos?

Jésus-Christ et son Évangile sont toujours le sel de la terre et la lumière du monde. Soustraire la société à cette divine et tutélaire influence, c'est la condamner au malaise, au crime, à la honte.

BIBLIOTHÈQUE NATIONALE R. F. IMPRIMÉS.

PARIS. — IMP. SIMON RAÇON ET COMP., RUE D'ERFURTH, 1.

www.ingramcontent.com/pod-product-compliance
Lightning Source LLC
Chambersburg PA
CBHW061243060726

47596CB00002B/418